Kierkegaard zum Vergnügen

Kierkegaard zum Vergnügen

Herausgegeben von
Hermann Deuser und Markus Kleinert

Mit 10 Abbildungen

Reclam

RECLAMS UNIVERSAL-BIBLIOTHEK Nr. 18930
Alle Rechte vorbehalten
© 2013 Philipp Reclam jun. GmbH & Co. KG, Stuttgart
Umschlagillustration: Nikolaus Heidelbach, Köln
Umschlaggestaltung: Eva Knoll, Stuttgart
Gesamtherstellung: Reclam, Ditzingen. Printed in Germany 2013
RECLAM, UNIVERSAL-BIBLIOTHEK und
RECLAMS UNIVERSAL-BIBLIOTHEK sind eingetragene Marken
der Philipp Reclam jun. GmbH & Co. KG, Stuttgart
ISBN 978-3-15-018930-6
www.reclam.de

Inhalt

Vorwort der Herausgeber

> »Man weiß nicht, wie es zugeht, die Lust
> kommt über einen, die Lust märchenhaft in
> der Stimmung des Schaffens zu erbeben, die
> Lust ein Vorwort zu schreiben …«
>
> (*Vorworte*)

Ein ganzes Buch, das nur aus gesammelten Vorworten besteht, auch noch mit einem Vorwort zu versehen und unter Pseudonym herauszugeben – wer hätte so viel schriftstellerische Selbstironie aufgebracht wie Kierkegaard?* Und wenn die vorliegende Textauswahl gerade mit jenem Vorwort beginnt, so ist das schon ein erster Nachweis für literarisches Vergnügen besonderer Art: Die in Kierkegaards Gesamtwerk immer gesuchte Ernsthaftigkeit unvermeidlich konkreter Lebensformen kann auf solch indirekte Darstellungen nicht verzichten. Der das Existentielle unbedingt fordernde Autor bleibt auch in den komplexesten Denkprojekten und härtesten Konflikten, die er heraufbeschwört, der *religiöse Schriftsteller*: im vergnüglichen Inkognito der Frühschriften, dann im Gewand des sympathetischen Humoristen und schließlich in der Aggressivität des Kämpfers für ein wahres Christentum. Aber auch diese letzte Wendung wäre ohne literarische Verfremdungseffekte nicht darstellbar ge-

---

* Einen Überblick über Kierkegaards Leben und Werk vermittelt
die Zeittafel im Anhang.

wesen, in deren kompromisslos auftretender Härte doch die als Maßstab geltende Freude am Dasein immer wieder durchscheint. Die Polemik des Lächerlichen geschieht also um der Wahrheit willen, eine durchaus gefährliche, aber auch, auf höherer Ebene, religiöse Freude quia absurdum – nicht etwa um des Absurden willen, sondern im Namen der konkreten Wendung zum Guten und der einmal erreichbaren Durchsichtigkeit der Lebensverhältnisse.

Der Ernst, die Schwermut und das theoretische Gewicht eines philosophisch-theologischen und nicht zuletzt psychologisch-phänomenologischen Gesamtwerkes sind im Falle Kierkegaards gerade kein Einwand gegen Witz und Ironie, Heiterkeit und Humor, Häme und Sarkasmus, offene Klage und christliche Radikalität. Denn in allem, und keineswegs nur verborgen, meldet sich jene Freude an Sprache, Denken und sprachlichem Handeln des Autors – mit durchaus stilistischem Vergnügen. Dass dieses sich selbst reflektiert und zugleich die Stellung des Publikums systematisch einkalkuliert, ist für den scharfsinnigen Dialektiker Kierkegaard eine Selbstverständlichkeit. Doch die programmatische Analyse geschieht nicht um der besten Theorie, sondern um der Praxis willen, und diese ist sprachlich vermittelt, braucht den Weg über das literarische Werk auf der Suche nach der individuellen, eigenen Existenz von Leser und Leserin. Nur so lassen sich zugleich die deformierenden Funktionen von Masse, Presse, Politik und Staatskirche enttarnen, die gesellschaftlichen Instanzen eines Publikums, das sich der existentiellen Verantwortlichkeit mit allen Mitteln zu entziehen gelernt hat. Die Macht dieser Mittel zu brechen macht sich Kierkegaards Literatur zur Aufgabe, und zwar nicht mit direkten politischen Parolen gegen Idolatrie, Nivellierung, Kulturindustrie und Massengesellschaft, sondern mit einem humanen Anspruch und einer Empathie, die bewusst Umwege gehen, mit mehr oder weniger sanftem Druck hinführen wollen und zwischen den Zeilen zu lesen lehren. So erst könnte von einem verantwortlichen Selbstwerden in Freiheit die Rede sein. Die dazu einladende, überredende und ästhetisch reflektierte Gestaltung ist nicht das pädagogische Mittel zum offensichtlichen Zweck, sondern als erster Aneignungseffekt die vorrangige Verstehensbedingung, um in Zeiten der ideologischen Verwirrung trotz allem den Zugang zu sich selbst wieder entdecken zu können.

Vorwort

Es ist eine Erfahrung, die sich oft bewährt hat: durch etwas ganz Unbedeutendes, durch eine Kleinigkeit, eine rücksichtslose Bemerkung, einen ungehörigen Ausbruch, eine zufällige Miene, eine unwillkürliche Handbewegung bekommt man Gelegenheit, sich bei einem Menschen einzuschleichen und das zu entdecken, was sich der sorgfältigen Beobachtung entzogen hatte. Damit indes diese unbedeutende Bemerkung nicht ausarte und sich selber wichtig werde, verzichte ich auf der Stelle darauf, sie weiter zu verfolgen, und beeile mich, meinem Vorhaben näher zu treten. Eine Vorrede ist im Verhältnis zu einem Buch etwas Unbedeutendes; jedoch, sollte man nicht durch sorgfältigeres vergleichendes Studium von Vorreden sich spottbillig Gelegenheit zu Beobachtungen verschaffen! Man hat in der Wissenschaft überaus viel getan, um die Literatur zu ordnen und dem Werk jedes einzelnen Verfassers seinen Platz in der Gegenwart anzuweisen, und der Gegenwart ihren Platz im Menschengeschlecht; kein Mensch aber denkt daran, welchen Vorteil es hätte, wenn man den einen oder anderen Literaturbeflissenen dazu abrichten könnte, nichts als Vorreden zu lesen, dies aber so erschöpfend zu tun, dass er mit den allerfrühesten Zeiten beginnen würde und fortfahren würde durch alle Jahrhunderte hindurch bis hin zu unseren Tagen. Vorreden tragen das Gepräge des Zufälligen ebenso wie Dialekte, Idiome, Provinzialismen; sie sind, in ganz anderem Sinne als die Schriften, der Herrschaft der Mode unterworfen, sie wechseln gleich den Kleidertrachten. Bald sind sie lang, bald kurz; bald dreist, bald verschämt; bald steif, bald nachlässig; bald ängstlich nahezu reuig, bald zuversichtlich nahezu unverschämt; bald nicht ganz ohne Blick für die Schwächen des Buches, bald mit Blindheit geschlagen, bald diese Schwächen besser als irgend ein anderer erkennend; bald ist das Vorwort der Vorreiter der schriftstellerischen Leistung, bald ein Nachgeschmack von ihr. Und alles dieses ist rein zeremoniell; sogar ein Schriftsteller, der in seiner Schrift der Zeit Trotz bietet, richtet sich doch nach Sitte und Brauch in dem Unbedeutenden, d.h. im Vorwort und lässt sich dabei in mancher für den Beobachter höchst possierlichen Kollision über das Wie und Wie-weit in Versuchung führen. Je mehr ich darüber nachdenke, eine desto reichere Ausbeute scheint mir ein solches Studium zu verheißen. Man stelle sich nur den Gegensatz vor: die griechische Naivität*, welche eine vortreffliche Grundlage hergeben würde für die Darstellung der Resultate. Jedoch ich gebiete diesem Gedankenfluge Einhalt, vermutlich würde er mich lediglich in die Irre führen, da ich des gelehrten Apparats ermangle.

---

* in der Annahme, dass die griechische Literatur kein Vorwort kennt.

In der neueren Wissenschaft hat das Vorwort seinen Todesstoß empfangen. Von ihrem Standpunkt aus gesehen kommt der Schriftsteller leicht dahin, eine betrübliche Figur zu machen, von der man nicht weiß, ob man über sie lachen soll oder weinen, weil sein Ungeschick zur Sache zu kommen komisch wirkt, und seine Naivität, als ob da jemand wäre, der sich um ihn scherte, wiederum rührend. Heutzutage kann solch eine Lage sich nicht wiederholen; denn wenn man das Buch mit der Sache beginnt und das System mit Nichts, so bleibt ersichtlich nichts übrig, was man in einer Vorrede sagen könnte. Dieser Stand der Dinge hat mir Anlass gegeben, darauf aufmerksam zu werden, dass Vorworte eine ganz eigne Art von literarischem Erzeugnis sind, und da dieses nun verstoßen ist, wird es höchste Zeit, dass es sich wie alles andere emanzipiere. Auf diese Art kann es noch wieder gut werden. Das Inkommensurable, das man in älterer Zeit in dem Vorwort zu einem Buch niederlegte, kann nun seinen Platz in einem Vorwort finden, das nicht mehr Vorwort zu einem Buche ist. Damit glaube ich, ist der Streit beigelegt, zu gegenseitigem Contentement* und Vergnügen; können das Vorwort und das Buch nicht an einem Strick ziehen, so lass das eine dem anderen einen Scheidebrief geben.

Die neueste wissenschaftliche Methode hat mich

---

* Zufriedenheit.

darauf aufmerksam gemacht, dass es zu einem Bruch kommen musste; mein Verdienst ist es, die Sache mit dem Bruch ernst zu nehmen; hier nun bloß ein Phänomen, das auf den tieferen Grund hindeutet. Jeder ästhetisch entwickelte Schriftsteller hat sicherlich Augenblicke gehabt, in denen er keinerlei Lust verspürte, ein Buch zu schreiben, aber richtig darauf versessen war, ein Vorwort zu einem Buch zu schreiben, gleichgültig, ob dies von ihm selber wäre oder von einem andern. Dies deutet darauf, dass das Vorwort vom Buche wesentlich verschieden ist, und dass ein Vorwort schreiben etwas ganz anderes ist als ein Buch schreiben; denn andernfalls würde der Drang sich lediglich äußern, wenn man entweder ein Buch geschrieben hat oder sich denkt, man wolle eins schreiben, ganz so, wie man sich das oberflächlich vorstellt, und daher die Frage aufwirft, ob man das Vorwort zuerst schreiben solle oder zuletzt. Sobald man indes in einer dieser beiden Lagen ist, so hat man entweder eine Sache gehabt, oder denkt sich, dass man eine hat. Wenn man nun aber auch abgesehen davon Lust haben kann, ein Vorwort zu schreiben, so sieht man leicht ein, dass dies nicht von einer Sache handeln kann, denn solchenfalls wird das Vorwort selber zu einem Buch, und die Frage nach dem Vorwort und dem Buch ist zurückgedrängt. Das Vorwort als solches, das emanzipierte Vorwort, darf also keine Sache abzuhandeln haben, sondern muss von Nichts handeln, und insofern es von etwas zu handeln scheint, muss dies doch ein Schein und eine fingierte Bewegung sein.

Hiermit ist das Vorwort rein lyrisch bestimmt, und bestimmt gemäß seinem Begriff, während das Vorwort im vulgären und traditionellen Sinn eine Zeremonie gemäß Zeit und Gewohnheit ist. Ein Vorwort ist Stimmung. Ein Vorwort schreiben heißt gleichsam die Sense wetzen, gleichsam die Gitarre stimmen, gleichsam mit einem Kinde plaudern, gleichsam aus dem Fenster spucken. Man weiß nicht, wie es zugeht, die Lust kommt über einen, die Lust märchenhaft in der Stimmung des Schaffens zu erbeben, die Lust ein Vorwort zu schreiben, die Lust auf dieses leves sub noctem susurri*. Ein Vorwort schreiben ist wie die Türglocke eines Mannes ziehen, um ihn zu foppen; ist wie am Fenster eines jungen Mädchens vorbeigehen und auf das Pflaster schauen, ist wie mit dem Stock durch die Luft nach dem Wind schlagen, ist wie mit dem Hut schwenken, obwohl man niemanden grüßt. Ein Vorwort schreiben heißt gleichsam etwas getan haben, das dazu berechtigt, eine gewisse Aufmerksamkeit zu beanspruchen, gleichsam etwas auf dem Gewissen haben, das die Vertraulichkeit reizt; gleichsam eine Neigung zum Tanze verraten, obwohl man sich nicht bewegt, gleichsam den linken Schenkel flach anlegen, den Zügel rechts anziehen, das Ross »Pst« sagen hören und selber auf die

---

* sanfte Säuseln des Nachthauchs (nach Horaz).

ganze Welt pfeifen, es heißt gleichsam mit dabei sein,
ohne im geringsten geniert zu sein, dass man dabei
ist, gleichsam auf dem Hügel von Valdby stehen und
den Wildgänsen nachschauen. Ein Vorwort schreiben
heißt gleichsam mit der Tageskutsche angekommen
zu sein auf der ersten Station, im finsteren Schuppen
halten, ahnend, was sich zeigen wird, das Tor und damit den Himmel sich öffnen sehen, vor sich die
Landstraße schauen, die stets mehr vor sich hat, des
Waldes harrendes Geheimnis erblicken und des Fuß-
wegs lockendes Entschwinden; das Blasen des Post-
horns und das Winken und Rufen des Echos vernehmen, des Kutschers mächtigen Peitschenschlag hören
und des Waldes bestürzten Widerhall und der Rei-
senden munter Geplauder. Ein Vorwort schreiben
heißt gleichsam angekommen zu sein, in der trauli-
chen Stube stehen, die sehnsüchtig begehrte Gestalt
grüßen, im Lehnstuhl sitzen, die Pfeife stopfen, sie
anzünden – und über so unendlich viel miteinander
reden. Ein Vorwort schreiben heißt gleichsam an sich
selber bemerken, dass man im Begriff ist sich zu verlieben, dass die Seele in süßer Unruhe ist, das Rätsel
aufgegeben, jede Begebenheit ein Wink zur Auflö-
sung. Ein Vorwort schreiben heißt gleichsam den
Zweig der Jasminlaube zur Seite biegen und sie gewahren, die heimlich dort sitzt: meine Liebe. So, o ja,
so ist es mit dem Schreiben eines Vorworts; und wie
ist es nun bestellt mit dem, der es schreibt? Er geht
unter den Menschen aus und ein, des Winters ein

Geck, des Sommers ein Narr, er ist »guten Tag und lebe wohl« in einer Person, jederzeit vergnügt und unbesorgt, mit sich zufrieden, so recht ein leichtsinniger Taugenichts, ja eine unmoralische Person, denn er geht nicht auf die Börse, um Geld zusammenzuscharren, sondern geht nur durch sie hindurch; er spricht nicht auf Generalversammlungen, weil die Luft da zu eingeschlossen ist; er bringt kein Lebehoch in irgendeiner Gesellschaft aus, weil man es einige Tage im voraus anmelden muss; er besorgt keine Geschäfte für das System, er zahlt die Staatsschuld nicht ab, ja er wird nicht einmal ihretwegen ernst; er geht durchs Leben so wie ein Schusterjunge pfeifend durch die Straßen geht, und mag auch der, welcher die Stiefel braucht, stehen und warten, er muss eben warten, solange noch eine einzige Schlitterbahn übrig ist, oder das geringste Sehenswürdige zu entdecken. So, ja so ist der, welcher Vorworte schreibt.

Sieh, über dies alles mag nun jedermann denken, wie er will, ganz so wie er's sich einfallen lässt und sofern er's sich einfallen lässt. Mit mir ist das ein anderer Ding, denn mich bindet ein Gelübde und eine Verpflichtung, mich einzig und allein mit dieser Art von Erzeugnissen zu beschäftigen. Wie es hiermit zusammenhängt, werde ich dem Leser unverzüglich erzählen; denn es steht hier gerade am rechten Platz und gehört, ebenso wie üble Nachrede in ein Kaffeekränzchen, eigentlich genau in ein Vorwort.

Obschon zwar glücklich verheiratet wie wenige

und vielleicht auch dankbar für mein Glück wie wenige, bin ich doch in meiner Ehe auf Schwierigkeiten gestoßen, deren Entdeckung meiner Frau zu verdanken ist, denn ich ahnte nichts. Es waren nach der Hochzeit einige Monate hingegangen, ich war allmählich einigermaßen eingeübt in der Kunst des ehelichen Zusammenlebens, da erwachte nach und nach in mir ein Gelüste, das ich von je gehegt habe und dem ich in Treuherzigkeit meinte mich hingeben zu dürfen: der Beschäftigung mit der einen oder anderen literarischen Arbeit. Die Wahl des Gegenstandes war geschehen, was ich in dieser Richtung an Büchern besaß, zurechtgelegt, einige Bücher aus der königlichen Bibliothek entliehen, meine Exzerpte übersichtlich geordnet, meine Feder sozusagen eingetaucht. Kaum hatte indes meine Frau einen Verdacht geschöpft, dass etwas Derartiges am Werke sei, als sie meine Bewegungen mit Sorgfalt beobachtete. Bei Gelegenheit ließ sie eine verblümte Rede fallen, brachte sie eine dunkle Andeutung an, dass meine eifrige Tätigkeit in der Studierstube, mein längeres Verweilen daselbst, mein literarisches Kopfzerbrechen nicht ganz nach ihrem Kopfe sei. Ich hielt indessen die Ohren steif, stellte mich so, als verstünde ich sie nicht, was ich anfänglich auch wirklich nicht tat; da überrumpelt sie mich eines Tages und nötigt mir das offizielle Eingeständnis ab, dass ich im Begriff sei, Schriftsteller werden zu wollen. War ihr Verhalten bis dahin mehr ein Rekognoszieren gewesen, so nahm sie nunmehr immer bestimmter eine Konzentration ihrer Truppen vor, bis sie endlich offen den Krieg erklärte, et quidem* so offen, dass sie im Sinn hatte, alles was ich schrieb zu konfiszieren, um es auf bessere Art zu verwenden, als Unterlage für ihre Stickerei, als Lockenwickler usw. Die Lage eines Schriftstellers kann kaum verzweifelter sein als meine; denn selbst jener, der unter spezieller Zensur steht, kann gleichwohl hoffen, es dahin zu bringen, dass seine Arbeit »gedruckt werden darf«; meine Hervorbringung jedoch wird ständig im Keim erstickt. Noch auf andere Weise wurde es mir immer deutlicher, wie verzweifelt meine Lage war; denn kaum hatte ich entdeckt, dass ich Gegenstand von Presseverfolgung war, als es mir naturgemäß klar wurde, was mir vorher überhaupt nicht eingefallen war, dass es ein unersetzlicher Schaden für die Menschheit sein würde, wenn meine Schriften nicht ans Tageslicht kämen. Was ist nun hier zu tun? Mir steht nicht wie einem zensierten Schriftsteller ein Regress bei der Kanzlei offen, der Ständeversammlung, dem hochverehrten Publikum oder dem Gedächtnis der Nachwelt, ich lebe und sterbe, stehe und falle mit meiner Frau. Nun werde ich freilich von meinen Zeitgenossen für einen guten und geübten Disputator gehalten, der sehr wohl für seine Sache plädieren kann, aber diese Fertigkeit kommt mir hier nur wenig

* und zwar.

zu statten, denn ob ich auch mit dem Teufel selber zu disputieren weiß, mit meiner Frau kann ich nicht disputieren. Sie hat nämlich nur eine Art von Syllogismus, oder richtiger noch nicht einmal eine. Was gelehrte Leute Sophisterei nennen würden, nennt sie, die sich nicht mit Gelehrtheit befasst, Neckerei. Das Verfahren ist nun ganz simpel, will heißen für den, der richtig vorzugehen versteht. Jedes Mal, wenn ich etwas sage, was ihr missfällt, möge es nun die Form eines Syllogismus haben oder nicht, eine lange Rede sein oder eine kurze Bemerkung, die Form ist gleichgültig, also wenn das Gesagte ihr nicht behagt, so sieht sie mich an mit einer Miene, die zugleich liebenswürdig ist, einnehmend, sanftmütig, bezaubernd, aber auch triumphierend, vernichtend, und erklärt: das ist nichts als Neckerei. Die Folge davon ist, dass all meine Fertigkeit im Disputieren ein Luxusartikel wird, nach dem in meinem häuslichen Leben keine Nachfrage ist. Kann ich, der geübte Dialektiker, irgendwie den Gang des Rechtes repräsentieren, welcher nach dem Wort des Dichters gar lang ist, so ist meine Frau gleich der königlichen dänischen Kanzlei kurz und bündig, nur ist sie von jenem hohen Kollegium darin unterschieden, dass sie überaus liebenswürdig ist; denn gerade diese Liebenswürdigkeit sichert ihr eine Vollmacht, die sie jeden Augenblick auf eine bezaubernde Weise geltend zu machen weiß.

So steht also die Sache. Ich bin niemals weiter gekommen als bis zu einem einleitenden Paragraphen.

Da dieser allgemeiner Natur war, und nach meiner Vorstellung so glücklich abgefasst, dass er sie amüsieren würde, falls nicht ich der Verfasser wäre, fiel mir ein, dass ich sie für die Sache gewinnen könnte, wenn ich ihr ihn vorläse. Ich war darauf vorbereitet, dass sie meine Anfrage abweist und sich den Vorteil zunutze machte, »es werde nun wohl gar so weit kommen, dass ich mich nicht bloß mit Schreiben abgebe, sondern es ihr zur Pflicht machen wolle Vorlesungen zu hören«. Keineswegs. Sie nahm meinen Vorschlag so freundlich wie möglich auf, sie hörte zu, sie lachte, sie bewunderte. Ich glaubte, es sei alles gewonnen. Sie trat zu dem Tisch, an dem ich saß, legte ihren Arm vertraulich um meinen Hals, bat mich, einen Passus noch einmal vorzulesen. Ich fange noch einmal an, halte das Manuskript so hoch, dass sie mir mit den Augen folgen kann. Vortrefflich. Ich bin aus dem Häuschen, aber noch nicht ganz heraus aus jenem Passus, als das Manuskript plötzlich lichterloh brennt. Ohne dass ich es bemerkt hatte, hatte sie eins der Lichter unter das Manuskript geschoben. Das Feuer hatte die Übermacht, es war nichts zu retten, mein einleitender Paragraph ging in Flammen auf – unter allgemeinem Jubel, denn meine Frau jubelte für uns beide; sie klatschte gleich einem ausgelassenen Kind in die Hände, darauf warf sie sich an meine Brust mit einer Leidenschaft, als wäre ich von ihr getrennt, ja für sie verloren gewesen. Ich konnte kein einziges Wort anbringen. Sie bat mich um Verzeihung, dass sie auf die Art für ihre Liebe gekämpft habe, bat mit einer inneren Bewegung, die mich beinahe dahin brachte zu glauben, ich sei im Begriffe gewesen, der verlorene Ehemann zu werden. [...]

Und was nahm also dieser Streit für ein Ende; wer wurde Sieger, mein hostis domesticus* oder ich, der Verfasser? Das ist wohl nicht schwer zu erraten, obwohl es dem Leser einen Augenblick lang Schwierigkeiten machen wird, weil er dies ja liest, und also sieht, dass ich Schriftsteller geworden bin. Das Ende war, dass ich versprach, nicht Schriftsteller sein zu wollen. Jedoch so wie man in gelehrten Disputationen, wenn der Autor alle Einwendungen, die gemacht wurden, widerlegt hat, zuletzt die eine oder andere linguistische Geringfügigkeit vorbringt, um doch in etwas Recht zu bekommen, und der Autor einem höflich Recht gibt, um einem doch noch in etwas Recht zu geben, so behielt ich mir die Erlaubnis vor, *Vorworte* schreiben zu dürfen. Ich berief mich in dieser Hinsicht auf analoge Fälle, wie dass Männer, die ihrer Frau versprochen hatten, nie mehr Tabak zu schnupfen, als Entgelt die Erlaubnis bekommen hatten, so viele Tabakdosen zu besitzen, wie sie wollten. Sie nahm den Vorschlag an, vielleicht in der Meinung, es sei unmöglich, ein Vorwort zu schreiben, wenn man kein Buch schreibe, was ich ja nicht wage; es sei denn, dass man ein berühmter Schriftsteller ist,

* häuslicher Feind.

der auf Verlangen solch ein Vorwort schreibt, ein Fall, der ja bei mir unmöglich eintreten konnte.

So viel betreffs meines Gelübdes und meiner Verpflichtung. Das Bisschen oder das kleine Ding, das ich hiermit an den Tag gebe, habe ich salva conscientia* schreiben können. Jedoch habe ich es ohne das Vorwissen meiner Frau getan, indem ich einen Landaufenthalt dazu benutzte. Meine Bitte an die Kritik ist, sie möge glimpflich mit mir verfahren; denn gesetzt sie fände, es sei so, wie meine Frau sagt, dass ich zum Schriftsteller nicht tauge; gesetzt, sie hechelte mich erbarmungslos durch, gesetzt, meine Frau erführe das, so würde ich wohl vergeblich Trost und Aufmunterung suchen bei meiner Lebensgefährtin. Vermutlich würde sie jubeln vor Freude darüber, dass sie ihren Willen bekäme, und dass ich so in die Schule genommen wäre; sie würde ihren Glauben an die allgerechte Vorsehung bestätigt und ihre Idee bewahrheitet finden, dass Schriftsteller sein, wenn man Ehemann ist, die schlimmste Untreue ist.

(*Vorworte*)

* mit unbeschadetem Gewissen.

Karikatur von Peter Klæstrup, in: *Der Corsar*,
Nr. 278, 16. Januar 1846

I

Genuss und Verdruss: ästhetisches Vergnügen

*ad se ipsum**

Etwas Wunderbares ist mir widerfahren. Ich ward entzückt in den siebenten Himmel. Dort saßen alle Götter versammelt. Aus besonderer Gnade wurde mir die Gunst gewährt, einen Wunsch zu tun. »Willst du«, sprach Merkur, »willst du Jugend oder Schönheit oder Macht oder ein langes Leben oder das schönste Mädchen oder eine andere Herrlichkeit von den vielen, die wir in der Kramkiste haben, so wähle, jedoch nur eines.« Ich war einen Augenblick unschlüssig, dann wandte ich mich mit folgenden Worten an die Götter: Hochverehrte Zeitgenossen, eines wähle ich, dass ich immer die Lacher auf meiner Seite haben möge. Da war auch nicht ein Gott, der ein Wort erwiderte, hingegen fingen sie alle an zu lachen. Daraus schloss ich, dass meine Bitte erfüllt sei, und fand, dass die Götter verstünden, sich mit Geschmack auszudrücken; denn es wäre ja doch unpassend gewesen, ernsthaft zu antworten: Es sei dir gewährt.

---

* an sich selbst.

In einem Theater geschah es, dass die Kulissen Feuer fingen. Hanswurst erschien, um das Publikum davon zu unterrichten. Man glaubte, es sei ein Witz, und applaudierte; er wiederholte es; man jubelte noch mehr. So, denke ich, wird die Welt zugrunde gehn unter dem allgemeinen Jubel witziger Köpfe, die da glauben, es sei ein »Witz«.

Was ist überhaupt der Sinn dieses Lebens? Teilt man die Menschen in zwei große Klassen, so kann man sagen, die eine arbeite, um zu leben, die andere habe das nicht nötig. Aber dass man arbeitet, um zu leben, kann ja nicht der Sinn des Lebens sein, da es doch ein Widerspruch ist, dass das fortgesetzte Schaffen der Bedingungen die Antwort sei auf die Frage nach dem Sinn dessen, was durch jenes bedingt sein soll. Das Leben der übrigen hat gemeinhin auch keinen Sinn außer dem, die Bedingungen aufzuzehren. Will man sagen, der Sinn des Lebens sei es zu sterben, so scheint dies abermals ein Widerspruch.

Wie es nach der Sage dem Parmeniskus erging, der in der trophonischen Höhle die Fähigkeit zu lachen verlor, sie aber auf Delos beim Anblick eines unförmlichen Klotzes, der als Bild der Göttin Leto hingestellt wurde, wiedererlangte, so ist es mir ergangen.

Als ich sehr jung war, verlernte ich in der trophonischen Höhle das Lachen; als ich älter wurde, als ich die Augen aufschlug und die Wirklichkeit betrachtete, da musste ich lachen und habe seitdem nicht damit aufgehört. Ich sah, dass es der Sinn des Lebens ist, einen Broterwerb zu finden, und sein Ziel, Justizrat zu werden; dass es die reiche Lust der Liebe ist, ein wohlhabendes Mädchen zu heiraten; dass es der Freundschaft Seligkeit ist, einander in Geldverlegenheiten auszuhelfen; dass Weisheit ist, was die meisten darunter verstehen; und dass Begeisterung ist, eine Rede zu halten; dass Mut ist, eine Geldstrafe von 10 Talern zu riskieren; dass Herzlichkeit ist, nach einem Mittagessen »Wohl bekomm's!« zu sagen; dass Gottesfurcht ist, einmal im Jahr zum Abendmahl zu gehen. Das sah ich, und ich lachte.

Entweder–Oder

Ein ekstatischer Vortrag

Heirate, du wirst es bereuen; heirate nicht, du wirst es auch bereuen; heirate oder heirate nicht, du wirst beides bereuen; entweder du heiratest oder du heiratest nicht, du bereust beides. Lache über die Torheiten der Welt, du wirst es bereuen; weine über sie, du wirst es auch bereuen; lache über die Torheiten der

Welt oder weine über sie, du wirst beides bereuen; entweder du lachst über die Torheiten der Welt oder du weinst über sie, du bereust beides. Trau einem Mädchen, du wirst es bereuen; traue ihr nicht, du wirst es auch bereuen; trau einem Mädchen oder traue ihr nicht, du wirst beides bereuen; entweder du traust einem Mädchen oder du traust ihr nicht, du wirst beides bereuen. Erhänge dich, du wirst es bereuen; erhänge dich nicht, du wirst es auch bereuen; erhänge dich oder erhänge dich nicht, du wirst beides bereuen; entweder du erhängst dich oder du erhängst dich nicht, du wirst beides bereuen. Dies, meine Herren, ist aller Lebensweisheit Inbegriff. Nicht in einzelnen Augenblicken nur betrachte ich, wie Spinoza sagt, alles *aeterno modo**, sondern ich bin beständig *aeterno modo*. Das, glauben viele, seien sie auch, wenn sie, nachdem sie das eine oder das andere getan haben, diese Gegensätze vereinigen oder mediieren**. Doch dies ist ein Missverstand; denn die wahre Ewigkeit liegt nicht hinter dem Entweder-Oder, sondern vor ihm. Ihre Ewigkeit wird daher auch eine schmerzliche Zeit-Sukzession sein, da sie an der doppelten Reue zu zehren haben werden. Meine Weisheit ist also leicht zu begreifen; denn ich habe

---

* nach ewiger Art (in Anspielung auf den spinozistischen Ausdruck ›sub specie aeternitatis‹, ›vom Standpunkt der Ewigkeit aus‹).
** vermitteln.

nur einen Grundsatz, von dem ich noch nicht einmal ausgehe. Man muss zwischen der nachfolgenden Dialektik des Entweder-Oder und der hier angedeuteten ewigen unterscheiden. Wenn ich also hier sage, dass ich nicht von meinem Grundsatz ausgehe, so hat dies seinen Gegensatz nicht in einem Davon-Ausgehen, sondern ist lediglich der negative Ausdruck für meinen Grundsatz, das, wodurch er sich selbst begreift im Gegensatz zu einem Davon-Ausgehen oder einem Nicht-davon-Ausgehen. Ich gehe nicht von meinem Grundsatz aus; denn ginge ich von ihm aus, würde ich es bereuen, ginge ich nicht von ihm aus, würde ich es auch bereuen. Sollte es daher dem einen oder anderen unter meinen hochverehrten Zuhörern so vorkommen, als ob an dem, was ich sagte, doch etwas dran wäre, so beweist er damit nur, dass sein Kopf für Philosophie nicht geeignet ist; sollte es ihm scheinen, dass Bewegung in dem Gesagten sei, so beweist dies dasselbe. Für diejenigen Zuhörer hingegen, die imstande sind, mir zu folgen, obwohl ich keine Bewegung mache, will ich nun die ewige Wahrheit entwickeln, durch welche diese Philosophie in sich selber bleibt und keine höhere zugesteht. Wenn ich nämlich von meinem Grundsatz ausginge, so würde ich nicht wieder aufhören können; denn hörte ich nicht auf, so würde ich es bereuen, und hörte ich auf, so würde ich es auch bereuen usw. Nun aber, da ich nie ausgehe, kann ich jederzeit aufhören;

denn mein ewiger Ausgang ist mein ewiges Aufhören. Die Erfahrung hat gezeigt, dass es für die Philosophie keineswegs besonders schwierig ist, anzufangen. Weit entfernt; sie fängt ja mit nichts an und kann somit jederzeit anfangen. Was hingegen der Philosophie und den Philosophen schwerfällt, ist das Aufhören. Auch dieser Schwierigkeit bin ich entgangen; denn falls jemand glauben sollte, dass ich, indem ich jetzt aufhöre, wirklich aufhöre, so beweist er, dass er keine spekulative Begabung hat. Ich höre nämlich nicht jetzt auf, sondern ich habe bereits damals aufgehört, als ich anfing. Meine Philosophie hat deshalb die vortreffliche Eigenschaft, dass sie kurz und dass sie unwidersprechlich ist; denn wenn jemand mir widerspräche, so dürfte ich wohl Recht damit haben, ihn für verrückt zu erklären. Der Philosoph ist also beständig *aeterno modo* und hat nicht, wie der selige Sintenis*, nur vereinzelte Stunden, die für die Ewigkeit gelebt sind.

Mein Leid ist meine Ritterburg, die einem Adlerhorste gleich hoch oben auf der Berge Gipfel in den Wolken liegt; keiner kann sie erstürmen. Von ihr fliege ich hinunter in die Wirklichkeit und packe meine

---

* Christian Friedrich Sintenis (1750–1820), Verfasser des Andachtsbuches »Stunden für die Ewigkeit gelebt«.

Beute; aber ich bleibe dort unten nicht, meine Beute bringe ich heim, und diese Beute ist ein Bild, das ich hineinwebe in die Tapeten auf meinem Schloss. Dort lebe ich wie ein Toter. Alles Erlebte tauche ich hinab in die Taufe des Vergessens zur Ewigkeit der Erinnerung. Alles Endliche und Zufällige ist vergessen und ausgelöscht. Da sitze ich als ein alter, ergreister Mann, gedankenvoll, und erkläre mit leiser Stimme, fast flüsternd, die Bilder, und neben mir sitzt ein Kind und hört zu, obwohl es sich an alles erinnert, noch eh' ich es erzähle.

(Entweder – Oder)

Musikalische Erotik

In dieser Hinsicht ist und bleibt die von jeher bewunderte Ouvertüre zu *Don Juan* ein vollendetes Meisterwerk, so dass, wenn kein anderer Beweis für die Klassizität des Don Juan geführt werden könnte, es genügen würde, dies eine hervorzuheben: wie undenkbar es ist, dass, wer das Zentrale hätte, nicht auch das Peripherische haben sollte. Diese Ouvertüre ist kein Durcheinander von Themen, sie ist nicht labyrinthisch von Ideenassoziationen durchschlungen, sie ist konzis, bestimmt, stark gebaut und vor allem, sie ist von dem Wesen der ganzen Oper durchtränkt.

Sie ist kräftig wie der Gedanke eines Gottes, bewegt wie das Leben einer Welt, erschütternd in ihrem Ernst, zitternd in ihrer Lust, zermalmend in ihrem schrecklichen Zorn, begeisternd in ihrer lebenslustigen Freude, sie ist dumpf in ihrem Strafgericht, kreischend in ihrer Lust, sie ist langsam feierlich in ihrer imponierenden Würde, sie ist bewegt, flatternd, tanzend in ihrer Wonne. Und dies hat sie nicht etwa dadurch erreicht, dass sie der Oper das Blut ausgesaugt hätte, vielmehr ist sie im Verhältnis zu ihr eine Prophetie. In der Ouvertüre entfaltet die Musik ihren ganzen Umfang, mit ein paar mächtigen Flügelschlägen überschwebt sie gleichsam sich selbst, überschwebt den Ort, an dem sie sich niederlassen will. Sie ist ein Kampf, aber Kampf in den höheren Regionen der Luft. Wer, nachdem er eine genauere Bekanntschaft mit der Oper gemacht hat, die Ouvertüre hört, dem wird es vielleicht so vorkommen, als sei er bis in die geheime Werkstatt vorgedrungen, wo die Kräfte, die er im Stück kennen gelernt hat, urkräftig sich regen, wo sie mit aller Macht aufeinanderprallen. Indes, der Kampf ist zu ungleich; die eine Macht ist Sieger schon vor der Schlacht, zwar flieht sie und entweicht, aber diese Flucht ist gerade ihre Leidenschaft, ihre brennende Unruhe in ihrer kurzen Lebensfreude, der jagende Puls in ihrer leidenschaftlichen Hitze. Damit setzt sie die andere Macht in Bewegung und reißt sie mit sich hin. Diese, die sich zunächst als so unerschütterlich sicher erwies, dass sie nahezu unbeweglich war, hält es nun nicht länger, und bald ist die Bewegung so schnell, dass es ein wirklicher Kampf scheint. Dies näher auszuführen, ist nicht möglich; hier gilt es, die Musik zu hören, denn der Streit ist kein Wortstreit, sondern ein elementarisches Rasen. Nur muss ich noch darauf aufmerksam machen, was schon früher dargelegt wurde, dass das Interesse der Oper Don Juan ist, nicht Don Juan und der Komtur; das zeigt sich bereits in der Ouvertüre. Mit Fleiß scheint *Mozart* es so angelegt zu haben, dass jene tiefe Stimme, die zu Beginn ertönt, allmählich immer schwächer wird, ihre majestätische Haltung gleichsam fast verliert, eilen muss, um dem dämonischen Hasten folgen zu können, das ihr entwischt, und doch beinahe Macht gewinnt, sie zu entwürdigen, indem es sie hinreißt zu einem Wettlauf in der Kürze des Augenblicks.

(*Entweder – Oder*)

Aus dem Tagebuch des Verführers

den 30.
Überall kreuzen sich unsere Wege. Heute bin ich ihr dreimal begegnet. Ich weiß von jedem kleinsten Ausflug, den sie macht, wann und wo ich sie treffen kann;

aber diese Kenntnis wird nicht dazu benutzt, mir ein Zusammentreffen mit ihr zu verschaffen; im Gegenteil, ich verschwende in einem fürchterlichen Maßstab. Eine Begegnung, die mich oft ein stundenlanges Warten gekostet hat, wird als eine Lappalie vergeudet; ich treffe sie nicht, ich tangiere nur ihre peripherische Existenz. Weiß ich, dass sie zu Frau *Jansen* will, so treffe ich nicht gern mit ihr zusammen, außer sofern es mir von Wichtigkeit ist, eine bestimmte Beobachtung anzustellen; ich ziehe es vor, etwas früher zu Frau Jansen zu gehen und ihr womöglich in der Tür zu begegnen, indem sie kommt und ich gehe, oder auf der Treppe, wo ich dann achtlos an ihr vorbeilaufe. Das ist das erste Netz, in das sie eingesponnen werden muss. Auf der Straße halte ich sie nicht an, oder ich tausche einen Gruß mit ihr, aber nähere mich ihr nie, sondern halte immer auf Abstand. Unsere häufigen Begegnungen sind ihr zwar auffallend, sie merkt zwar, dass an ihrem Horizont ein neuer Himmelskörper erschienen ist, der mit seinem Gang auf eine merkwürdig unstörende Art störend in den ihren eingreift; aber von dem diese Bewegung konstituierenden Gesetz hat sie keine Ahnung, vielmehr ist sie versucht, sich nach rechts und links umzusehen, ob sie nicht den Punkt entdecken möchte, der das Ziel darstellt; dass sie selbst es ist, das weiß sie ebenso wenig wie ihr Antipode. Es geht ihr wie meinen Bekannten im allgemeinen: sie glauben, ich hätte vielerlei Geschäfte, ich sei fortwährend

34

Zeichnung von Niels Christian Kierkegaard (1840)

in Bewegung und sagte wie Figaro: Ein, zwei, drei, vier Intrigen auf einmal, das ist meine Lust. Erst muss ich sie und ihren ganzen geistigen Zustand kennen, ehe ich meinen Angriff beginne. Die meisten genießen ein junges Mädchen, wie sie ein Glas Champagner genießen, in einem schäumenden Augenblick, ach ja, das ist recht hübsch, und bei manchem jungen Mädchen ist es wohl auch das Höchste, wozu man es bringen kann; aber hier ist mehr. Ist das Individuum zu schwach, um Klarheit und Durchsichtigkeit zu ertragen, nun gut, dann genießt man das Unklare, aber sie kann es offenbar ertragen. Je mehr Hingabe man in die Liebe hineinbringen kann, umso interessanter. Dieser Augenblicksgenuss ist, wenn auch nicht in äußerem, so doch in geistigem Sinne, eine Notzucht, und eine Notzucht bietet immer nur einen eingebildeten Genuss, sie ist, wie ein geraubter Kuss, etwas, das keine Art hat. Nein, wenn man es dahin bringen kann, dass ein Mädchen für ihre Freiheit nur eine einzige Aufgabe hat, nämlich die, sich hinzugeben, dass sie ihre ganze Seligkeit darin empfindet, dass sie sich diese Hingabe geradezu erbettelt und doch frei ist, erst dann gibt es Genuss, dazu aber gehört stets ein geistiger Einfluss.

Cordelia! Es ist doch ein herrlicher Name. Ich sitze zu Hause und übe mich, wie ein Papagei zu sprechen, ich sage: Cordelia, Cordelia, meine Cordelia, du meine Cordelia. Ich kann mich des Lächelns nicht enthalten bei dem Gedanken an die Routine, mit der ich in einem entscheidenden Augenblick einmal diese Worte aussprechen werde. Man muss immer Vorstudien machen, alles muss zurechtgelegt sein. Es ist kein Wunder, dass die Dichter immer diesen Duz-Augenblick schildern, den schönen Augenblick, da die Liebenden nicht durch eine Übergießung (es gibt ja freilich viele, die nie weiter kommen), sondern durch ein Hinabsteigen in das Meer der Liebe den alten Menschen ausziehen und aus dieser Taufe emporsteigen und nun erst wie alte Bekannte sich richtig kennen, obwohl sie erst einen Augenblick alt sind. Für ein junges Mädchen ist dieser Augenblick stets der schönste, und man muss, um ihn recht zu genießen, immer etwas darüber stehen, so dass man nicht nur Täufling, sondern zugleich Priester ist. Ein wenig Ironie macht dieses Augenblickes zweiten Augenblick zu einem der interessantesten, es ist eine geistige Entkleidung. Man muss poetisch genug sein, den Akt nicht zu stören, und doch muss immer der Schelm auf der Lauer sitzen.

[...]

den 3.
Noch kann ich nicht recht einig mit mir werden, wie sie aufzufassen ist; darum verhalte ich mich so still, so unauffällig – ja, wie ein Soldat in einer Vedettenkette*, der sich auf die Erde wirft und auf den fernsten

---

* Reihe von Vorposten.

Widerhall von einem heranrückenden Feinde horcht. Ich existiere eigentlich gar nicht für sie, nicht im Sinne eines negativen Verhältnisses, sondern im Sinne von überhaupt keinem Verhältnis. Noch habe ich kein Experiment gewagt. – Sie sehen und sie lieben war eins, so heißt es im Roman – ja, das wäre schon wahr, wenn die Liebe keine Dialektik hätte; aber was erfährt man denn auch schon aus Romanen von der Liebe? Lauter Lügen, die dazu helfen, die Aufgabe zu verkürzen.

Wenn ich nach den Aufklärungen, die ich jetzt erhalten habe, an den Eindruck zurückdenke, den die erste Begegnung auf mich gemacht hat, so ist meine Vorstellung von ihr zwar modifiziert, jedoch sowohl zu ihrem wie zu meinem Vorteil. Es gehört nicht gerade zur Tagesordnung, dass ein junges Mädchen so ganz allein geht, oder dass ein junges Mädchen so in sich selbst versinkt. Sie war nach meiner strengen Kritik geprüft: anmutig. Anmut aber ist ein überaus flüchtiges Moment, das dahinschwindet wie der Tag, der gestern vergangen ist. Ich hatte sie mir nicht in den Umgebungen vorgestellt, in denen sie lebt, am wenigsten aber so unreflektiert vertraut mit den Stürmen des Lebens.

Ich möchte doch wissen, wie es mit ihren Gefühlen steht. Verliebt ist sie wahrscheinlich noch nie gewesen, dazu ist der Flug ihres Geistes zu frei, am allerwenigsten gehört sie zu jenen theoretisch erfahrenen

Jungfrauen, denen es lange vor der Zeit so geläufig ist, sich in den Armen eines geliebten Mannes zu denken. Die Gestalten der Wirklichkeit, die ihr begegnet sind, haben nicht gerade vermocht, Unklarheit über das Verhältnis von Traum und Wirklichkeit bei ihr aufkommen zu lassen. Ihre Seele nährt sich noch von der göttlichen Ambrosia der Ideale. Doch das Ideal, das ihr vorschwebt, ist wohl nicht eben die Hirtin oder Heldin eines Romans, eine Geliebte, sondern eine *Jeanne d'Arc* oder etwas dergleichen.

Die Frage wird immer sein, ob ihre Weiblichkeit stark genug ist, um sie sich reflektieren zu lassen, oder ob sie bloß als Schönheit und Anmut genossen sein will; die Frage ist, ob man den Bogen höher spannen darf. Es ist schon etwas Großes, eine rein unmittelbare Weiblichkeit zu finden, wagt man aber das Changement, so hat man das Interessante. In diesem Falle wäre es das beste, ihr einen ganz gewöhnlichen Freier auf den Hals zu schaffen. Es ist ein Aberglaube mancher Leute, dass dies einem jungen Mädchen schade. – Ja, ist sie ein sehr feines und zartes Pflänzchen, das nur einen Glanzpunkt in seinem Leben hat: Anmut, so ist es immerhin das beste, dass sie nie etwas von Liebe vernommen hat, verhält es sich aber nicht so, dann ist es ein Gewinn, und ich würde niemals ein Bedenken tragen, einen Freier zu beschaffen, falls noch keiner da wäre. Dieser Freier darf auch keine Karikatur sein, denn damit wäre nichts gewonnen; es muss so recht ein respektabler junger Mann sein, womöglich sogar liebenswert, aber nicht zureichend für ihre Leidenschaft. Über so einen Menschen sieht sie hinweg, sie bekommt eine Abneigung gegen die Liebe, sie verzweifelt fast an ihrer eigenen Realität, wenn sie ihre Bestimmung fühlt und sieht, was die Wirklichkeit bietet; wenn Lieben, sagt sie, weiter nichts ist, so ist nicht viel damit los. Sie wird stolz in ihrer Liebe, dieser Stolz macht sie interessant, er durchleuchtet ihr Wesen mit einem höheren Inkarnat*; zugleich aber ist sie ihrem Fall näher, doch macht dies alles sie nur noch immer interessanter. Indessen wird es doch das beste sein, sich zunächst ihrer Bekanntschaften zu versichern, um zu sehen, ob nicht etwa so ein Freier dabei ist. Zu Hause bietet sich keine Gelegenheit, denn dort verkehrt so gut wie niemand, aber sie geht doch immerhin aus, und da ließe sich ein solcher wohl finden. Einen zu beschaffen, bevor man dies weiß, ist stets bedenklich; zwei Freier, die jeder für sich unbedeutend sind, könnten doch durch ihre Relativität schädlich wirken. Ich werde nun sehen, ob nicht so ein Liebhaber schon insgeheim dasitzt, der nicht den Mut hat, das Haus zu stürmen, ein Hühnerdieb, der in einem derart klösterlichen Hause keine Gelegenheit sieht.

Das strategische Prinzip, das Gesetz für alle Bewe-

---

* fleischfarbener Ton (Malerei).

gungen in diesem Feldzug wird also sein, sie immer in einer interessanten Situation zu berühren. Das Interessante ist demnach das Gebiet, auf dem der Kampf geführt werden muss, die Potenz des Interessanten muss ausgeschöpft werden. Wenn ich mich nicht sehr geirrt habe, so ist auch ihre ganze Struktur darauf berechnet, so dass das, was ich verlange, eben das ist, was sie gewährt, ja, was sie selbst verlangt. Darauf kommt es an, zu erlauern, was die einzelne gewähren kann und was sie infolgedessen fordert. Meine Liebesgeschichten haben daher immer eine Realität für mich, sie stellen ein Lebensmoment dar, eine Bildungsperiode, über die ich bestimmt Bescheid weiß, oft knüpft sich sogar irgendeine Fertigkeit daran; so lernte ich tanzen um des ersten Mädchens willen, das ich liebte, und Französisch sprechen lernte ich einer kleinen Tänzerin zuliebe. Damals zog ich noch wie alle Narren zu Markte und wurde oft angeführt. Jetzt verlege ich mich auf den Vorkauf. Vielleicht hat sie indes eine Seite des Interessanten erschöpft, ihr eingezogenes Leben scheint darauf hinzudeuten. Es gilt also, eine andere Seite zu finden, die ihr auf den ersten Blick gar nicht so vorkommt, die ihr aber gerade wegen dieses Anstoßes interessant wird. Zu diesem Ende wähle ich nicht das Poetische, sondern das Prosaische. Hiermit also der Anfang. Zunächst wird ihre Weiblichkeit durch prosaische Verständigkeit und Spott neutralisiert, nicht direkt, sondern indirekt, sowie durch das absolut Neutrale: durch Geist. Sie büßt ihre Weiblichkeit nahezu vor sich selber ein, doch in diesem Zustand kann sie sich für sich allein nicht halten, sie wirft sich mir in die Arme, nicht als einem Liebhaber, nein, noch ganz neutral, nun erwacht die Weiblichkeit, man lockt sie hervor bis zu ihrer höchsten Elastizität, man lässt sie gegen diese oder jene wirklich geltende Norm anstoßen, sie geht darüber hinaus, ihre Weiblichkeit erreicht eine schier übernatürliche Höhe, und mit einer Weltleidenschaft gehört sie mir.

[...]

Warum könnt ihr denn nur nicht mal hübsch ruhig sein? Was habt ihr nun die ganze Morgenstunde weiter getrieben als an meiner Markise gezerrt, an meinem Fensterspiegel und der Schnur daran gezogen, mit dem Klingelzug von der dritten Etage gespielt, gegen die Scheiben gestoßen, kurz, in jeder Weise euer Dasein verkündet, als ob ihr mich zu euch herauswinken wolltet. Ja, das Wetter ist nicht schlecht, aber ich habe keine Lust, lasst mich zu Hause bleiben … Ihr mutwilligen, ausgelassenen Zephire*, ihr fröhlichen Knaben, ihr könnt ja alleine gehn; habt eure Kurzweil mit den jungen Mädchen wie immer. Ja, ich

---

* eigtl. milder Westwind, hier: Böen.

weiß, niemand versteht ein junges Mädchen so verführerisch zu umarmen wie ihr; vergebens sucht sie
sich euch zu entwinden, sie kann sich aus euren
Schlingen nicht herauslösen – und sie will es auch
nicht; denn ihr kühlt und labt, erhitzt nicht ... Geht
euren eigenen Weg! lasst mich aus dem Spiel ... Dann
hättet ihr kein Vergnügen daran, meint ihr, ihr tätet es
nicht um euretwillen ... Gut denn, ich gehe mit; aber
nur unter zwei Bedingungen. Erstens: auf Kongens
Nytorv wohnt ein junges Mädchen, sie ist wunder-
schön, hat aber zugleich die Unverschämtheit, mich
nicht lieben zu wollen, ja schlimmer noch, sie liebt
einen andern, und das geht so weit, dass sie Arm in
Arm spazierengehen. Um ein Uhr, weiß ich, soll er sie
abholen. Nun versprecht ihr mir, dass die stärksten
Bläser unter euch sich irgendwo in der Nähe versteckt
halten bis zu dem Augenblick, da er mit ihr aus der
Haustür tritt. Im selben Moment, wo er in die Store
Kongensgade einbiegen will, stürzt dieses Detachement* vor, nimmt ihm auf die höflichste Art den Hut
vom Kopf und führt diesen mit gleichmäßiger Ge-
schwindigkeit, genau in einer Elle Abstand vor ihm
her, nicht schneller, denn dann wäre es denkbar, dass
er wieder umkehrte. Er glaubt immerzu, ihn in der
nächsten Sekunde zu fassen; er lässt nicht einmal ihren Arm los. Auf diese Weise führt ihr ihn und sie

---

* für besondere Aufgaben abkommandierte Truppenabteilung.

durch die Store Kongensgade, am Wall entlang bis Nørreport, bis zum Høibroplatz ... Wieviel Zeit mag damit wohl vergehen? Ich denke etwa eine halbe Stunde. Punkt halb zwei komme ich von der Østergade her. Wenn nun jenes Detachement die Liebenden bis zur Mitte des Platzes geführt hat, so wird ein gewaltsamer Angriff auf sie gemacht, bei dem ihr auch ihr den Hut abreißt, ihr die Locken zerzaust, ihren Schal entführt, während unterdessen sein Hut jubelnd immer höher emporsteigt; kurz, ihr erzeugt eine Konfusion, dass das ganze hochverehrte Publikum, nicht ich allein, in ein schallendes Gelächter ausbricht, die Hunde zu bellen anfangen, der Türmer zu läuten. Ihr richtet es so ein, dass ihr Hut zu mir hinfliegt und ich dann der Glückliche bin, der ihn ihr überreicht. – Zweitens. Die Abteilung, die mir folgt, gehorcht jedem Wink von mir, hält sich in den Grenzen der Schicklichkeit, beleidigt kein hübsches Mädchen, nimmt sich nur so viel Freiheit heraus, dass ihre kindliche Seele bei dem ganzen Scherz ihre Freude, die Lippe ihr Lächeln, das Auge seine Ruhe bewahren, das Herz ohne Angst bleiben kann. Wagt es einer von euch, sich anders zu betragen, so sei euer Name verflucht. – Und nun fort zu Leben und Freude, zu Jugend und Schönheit; zeigt mir, was ich oft gesehen, was zu sehen ich niemals müde werde, zeigt mir ein schönes junges Mädchen, entfaltet ihre Schönheit so vor mir, dass sie noch schöner wird; examiniert sie so, dass sie an dieser Examination Freude hat! – Ich wähle die Bredgade, aber ich kann, wie ihr wisst, nur bis halb zwei über meine Zeit verfügen. –

Dort kommt ein junges Mädchen, geschniegelt und gebügelt, ja, es ist auch Sonntag heute … Umweht sie ein bisschen, fächelt ihr Kühlung zu, gleitet in gelinden Strömungen über sie hin, umarmt sie mit eurer unschuldigen Berührung! Wie ahne ich der Wange zartes Erröten, die Lippe färbt sich stärker, der Busen hebt sich … nicht wahr, mein Mädchen, es ist unbeschreiblich, es ist ein seliger Genuss, diesen frischen Lufthauch einzuatmen? Der kleine Kragen wiegt sich wie ein Blatt. Wie gesund und voll sie atmet! Ihr Schritt wird langsamer, sie wird fast getragen von dem linden Lufthauch, wie eine Wolke, wie ein Traum … Blast ein wenig stärker, in längeren Zügen! … Sie sammelt sich; die Arme ziehen sich näher an den Busen heran, den sie vorsichtiger verhüllt, dass nicht ein Windhauch zu zudringlich werde, dass er sich nicht geschmeidig und kühl unter die leichte Hülle schleiche … Ihr Erröten ist gesunder, die Wange wird voller, das Auge durchsichtiger, der Gang taktfester. Alle Anfechtung verschönt einen Menschen. Jedes junge Mädchen sollte sich in den Zephir verlieben; denn kein Mann versteht doch so wie er, indem er mit ihr streitet, ihre Schönheit zu erhöhen … Ihr Körper neigt sich leicht vornüber, der Kopf blickt auf die Spitze des Fußes … Haltet ein wenig ein! es ist zu viel, ihre Figur

45

wird breit, verliert ihre schöne Schmalheit … kühlt sie ein wenig! … Nicht wahr, mein Mädchen, es ist erquickend, wenn man warm geworden ist, diese erfrischenden Schauer zu fühlen; man könnte die Arme öffnen vor Dankbarkeit, vor Freude über das Dasein … Sie kehrt die Seite zu … Jetzt rasch einen kräftigen Hauch, dass ich die Schönheit der Formen ahne! … Etwas stärker! damit die Draperie besser anliegt … Das ist zu viel! Die Stellung wird unschön, der leichte Gang wird beeinträchtigt … Sie dreht sich wieder um … Blast nun zu, lasst sie sich versuchen! … So genügt's, das ist zu viel: ihre eine Locke ist herabgefallen, … wollt ihr euch wohl mäßigen! – Da kommt ein ganzes Regiment aufmarschiert:

> Die eine ist verliebt gar sehr;
> Die andre wäre es gerne.

Ja, es ist unleugbar eine schlechte Stellung im Leben, mit seinem künftigen Schwager am linken Arm zu gehen. Das ist für ein Mädchen ungefähr dasselbe, wie wenn ein Mann Hilfsschreiber ist … Doch der Hilfsschreiber kann avancieren; er hat zugleich seinen Platz im Kontor, ist bei außerordentlichen Gelegenheiten dabei, das ist nicht das Los der Schwägerin; dafür aber geht es mit ihrem Avancement nicht so langsam – wenn sie avanciert und in ein anderes Kontor versetzt wird … Nun aber etwas stärker zugeblasen! Wenn man einen festen Punkt hat, an den man sich halten kann, so kann man schon Widerstand leisten … Das Zentrum dringt kräftig vor, die Flügel können nicht folgen … Er steht ziemlich fest, ihn wirft der Wind nicht um, dazu ist er zu schwer – zu schwer aber auch, als dass die Flügel ihn vom Erdboden emporheben könnten. Er stürmt vorwärts, um zu zeigen – dass er ein schwerer Körper ist; aber je unbewegter er dasteht, um so mehr leiden die kleinen Mädchen darunter … Meine schönen Damen, darf ich nicht mit einem guten Rat zu Diensten sein: lassen Sie den zukünftigen Mann und Schwager beiseite, versuchen Sie, allein zu gehen, und Sie sollen sehn, Sie werden viel mehr Vergnügen daran haben … Blast jetzt ein wenig sachter! … Wie sie sich tummeln in des Windes Wellen; bald figurieren sie einander gegenüber an der Seite die Straße hinab – kann irgendeine Tanzmusik eine lustigere Fröhlichkeit erzeugen, und doch ermattet der Wind nicht, er stärkt … Jetzt fegen sie nebeneinander her mit vollen Segeln die Straße hinunter – kann irgendein Walzer ein junges Mädchen verführerischer mitreißen, und doch ermüdet der Wind nicht, er trägt … Jetzt wenden sie sich zu dem Mann und dem Schwager um … Nicht wahr, ein bisschen Widerstand ist angenehm, man kämpft gern, um in den Besitz dessen zu kommen, was man liebt; und man erlangt schon, wofür man kämpft, es gibt eine höhere Fügung, die der Liebe zu

Hilfe kommt, seht, darum ist der Wind dem Manne günstig … Habe ich es nicht gut eingerichtet: wenn man selber den Wind im Rücken hat, so kann man leicht an dem Geliebten vorbeisteuern, hat man ihn aber gegen sich, so kommt man in eine angenehme Bewegung, so flieht man zu dem Geliebten hin, und des Windes Hauch macht einen gesunder und verlockender und verführerischer, und des Windes Hauch kühlt der Lippe Frucht, die am liebsten kalt genossen sein will, weil sie so heiß ist, so wie der Champagner erhitzt, indem er fast gefriert … Wie sie lachen und schwatzen – und der Wind nimmt die Worte fort – was gibt's hier auch schon zu bereden? – und sie lachen wieder und biegen sich im Wind, und halten den Hut fest und achten auf die Füße … Haltet nun ein, dass die jungen Mädchen nicht ungeduldig werden und böse auf uns oder bange vor uns! – Recht so, resolut und gewaltig, das rechte Bein vor das linke … Wie sieht sie sich dreist und keck in der Welt um … Seh' ich recht, sie hat ja einen am Arm, also verlobt. Lass sehn, mein Kind, was für ein Geschenk man dir an des Lebens Weihnachtsbaum gehängt hat … O ja, das sieht wirklich nach einem sehr soliden Bräutigam aus. Sie ist also im ersten Stadium der Verlobung, sie liebt ihn – schon möglich, aber doch flattert ihre Liebe, weit und geräumig, lose um ihn herum; sie besitzt noch den Liebesmantel, der viele zudecken kann … Blast ein bisschen stärker! … Ja, wenn man so schnell

48

geht, so ist es kein Wunder, dass die Hutbänder sich straffen gegen den Wind, so dass es aussieht, als trügen diese, gleich Flügeln, dies leichte Geschöpf – und ihre Liebe – auch die folgt mit wie ein Elfenschleier, mit dem der Wind spielt. Ja, wenn man die Liebe so sieht, dann sieht sie so geräumig aus; will man sie sich aber anziehen, will man den Schleier zu einem Alltagskleid umnähen – so langt es nicht für viele Bäusche ... I Gott bewahre! Wenn man den Mut gehabt hat, einen entscheidenden Schritt fürs ganze Leben zu wagen, so sollte man nicht die Courage haben, gerade gegen den Wind zu gehen? Wer zweifelt daran? ich nicht; aber keine Hitzigkeit, mein kleines Fräulein, keine Hitzigkeit! Die Zeit ist ein schlimmer Zuchtmeister, und der Wind ist auch nicht schlecht ... Neckt sie ein bisschen! ... Wo ist denn das Taschentuch geblieben? ... Na, Sie haben's ja doch noch erwischt ... Da ist das eine Hutband losgegangen ... das ist wirklich äußerst lästig, für den Zukünftigen, der dabei ist ... Dort kommt eine Freundin, die Sie unbedingt grüßen müssen. Es ist das erste Mal, dass sie Sie als Verlobte sieht; und um sich als solche zu zeigen, dazu sind sie doch hier in der Bredgade und wollen auch noch weiter zur Langenlinie hinaus. Soviel ich weiß, ist es Sitte, dass die Eheleute am ersten Sonntag nach der Hochzeit zur Kirche gehn, die Verlobten hingegen auf die Langelinie. Ja, eine Verlobung hat im allgemeinen auch wirklich vieles mit der Langenlinie gemein ... Geben Sie acht, der Wind fasst den Hut, halten Sie ihn ein bisschen fest, beugen Sie den Kopf herab ... Es ist doch wirklich fatal, nun haben Sie die Freundin doch nicht gegrüßt, hatten nicht die Ruhe, mit der überlegenen Miene zu grüßen, die ein verlobtes Mädchen den unverlobten gegenüber annehmen muss ... Blast nun etwas sachter! ... jetzt kommen die guten Tage ... wie sie sich an dem Geliebten festklammert, sie ist so weit vor ihm, dass sie den Kopf zurückdrehen und zu ihm aufbli-cken und sich über ihn freuen kann, ihren Reichtum, ihr Glück, ihre Hoffnung, ihre Zukunft ... O mein Mädchen, du machst zu viel aus ihm ... Oder hat er es nicht mir und dem Wind zu danken, dass er so kraftvoll aussieht? Und hast du selbst es nicht mir und den leisen Lüftchen, die dich nun heilen und deinen Schmerz in Vergessenheit bringen, zu danken, dass du selbst so lebensfrisch aussiehst, so sehnsüchtig, so ahnungsvoll?

Und einen Studenten möcht' ich nicht,
Der auch nachts von der Arbeit nicht ruhte,
Nein, ich will einen Offizier
Mit einer Feder am Hute.

Das sieht man dir gleich an, mein Mädchen, es ist etwas in deinem Blick ... Nein, mit einem Studenten ist dir keineswegs gedient ... Warum aber gerade ein Offizier? Täte ein Kandidat, der mit seinen Studien fertig ist, täte der nicht dasselbe? ... In diesem Augenblick kann ich dir jedoch weder mit einem Offizier dienen, noch mit einem Kandidaten. Hingegen kann ich dir mit einigen temperierenden Kühlungen dienen ... Blast jetzt ein bisschen stärker! ... So ist's recht, werfen Sie den Seidenschal über die Schulter zurück; gehen Sie ganz langsam, dann wird die Wange schon ein bisschen blasser, und des Auges Glanz ist nicht so heftig ... So. Ja, ein bisschen Bewegung, zumal bei so herrlichem Wetter wie heute, und dann ein wenig Geduld, dann werden Sie den Offizier schon kriegen. – Das ist ein Paar, das füreinander bestimmt ist. Welch eine Taktfestigkeit im Gang, welch eine Sicherheit im ganzen Auftreten, auf gegenseitiges Vertrauen gegründet, welch eine *harmonia praestabilita** in allen Bewegungen, welch eine süffisante Gründlichkeit! Ihre Haltung ist nicht leicht und graziös, sie tanzen nicht miteinander, nein, es ist eine Dauer in ihnen, eine Derbheit, die eine untrügliche Hoffnung erweckt, die gegenseitige Achtung einflößt. Ich wette, ihre Lebensanschauung ist diese: Das Leben ist ein Weg. Und miteinander Arm in Arm durch die Freuden und Leiden des Lebens zu gehen, dazu scheinen sie auch bestimmt. Sie harmonieren derart, dass die Dame so-

---

* Anspielung auf Gottfried Wilhelm Leibniz' (1646–1716) Lehre von der ›vorherbestimmten Harmonie‹.

gar den Anspruch aufgegeben hat, auf den Steinplatten zu gehen ... Aber, ihr lieben Zephire, warum macht ihr euch so sehr mit diesem Paar zu schaffen? Es scheint gar nicht so beachtenswert zu sein. Oder gibt's da was Besonderes zu bemerken? ... doch, die Uhr ist halb zwei, fort zum Høibroplatz!

[...]

Es ließen sich verschiedene Mittel denken, Cordelia zu überraschen. Ich könnte versuchen, einen erotischen Sturm zu erregen, der imstande wäre, Bäume zu entwurzeln. Mit dessen Hilfe könnte ich versuchen, sie womöglich von ihrem Grunde wegzureißen, heraus aus dem geschichtlichen Zusammenhang, und in dieser Agitation durch heimliche Zusammenkünfte ihre Leidenschaft zu befördern suchen. Es wäre nicht undenkbar, dass sich das machen ließe. Ein Mädchen mit ihrer Leidenschaft könnte man zu allem Beliebigen bringen. Jedoch wäre das ästhetisch falsch. Ich liebe das Schwindelgefühl nicht, und dieser Zustand ist nur zu empfehlen, wenn man es mit Mädchen zu tun hat, die allein auf diese Weise einen poetischen Abglanz gewinnen können. Man kommt dabei außerdem leicht um den eigentlichen Genuss; denn zu viel Verwirrung schadet auch. Bei ihr würde es seine Wirkung völlig verfehlen. In ein paar Zügen würde ich leicht einsaugen, wovon ich lange hätte zehren, ja, schlimmer noch, was ich bei Besonnenheit voller und reicher hätte genießen können. Cordelia will nicht in Exaltation genossen sein. Überraschen würde es sie vielleicht im ersten Augenblick, wenn ich mich so verhielte, aber bald würde sie satt sein, eben weil diese Überraschung ihrer kühnen Seele zu nahe läge.

Eine gewöhnliche Verlobung ist doch von allen Mitteln das beste, das zweckmäßigste. Sie wird vielleicht ihren eigenen Ohren noch weniger trauen, wenn sie mich eine prosaische Liebeserklärung machen, item* um ihre Hand anhalten hört, noch weniger, als wenn sie meiner heißen Beredsamkeit lauschte, meinen giftigen Rauschtrank schlürfte, ihr Herz bei dem Gedanken an eine Entführung klopfen hörte.

Das Verwünschte an einer Verlobung ist immer das Ethische darin. Das Ethische ist in der Wissenschaft wie im Leben gleich langweilig. Welch ein Unterschied: unter dem Himmel der Ästhetik ist alles leicht, schön, flüchtig; wenn die Ethik dazukommt, wird alles hart, eckig, unendlich langweilig. In strengerem Sinne jedoch hat eine Verlobung keine ethische Realität, wie eine Ehe sie hat, sie hat nur Gültigkeit *ex consensu gentium***. Diese Zweideutigkeit kann mir sehr dienlich sein. Das Ethische darin genügt gerade, um bei Cordelia zu seiner Zeit den Eindruck entstehen zu

* desgleichen.
** aufgrund der Übereinstimmung der Völker.

lassen, dass sie über die Grenze des Gewöhnlichen hinausgeht, zugleich ist das Ethische darin nicht so ernst, dass ich eine bedenklichere Erschütterung befürchten müsste. Ich habe vor dem Ethischen immer einen gewissen Respekt gehabt. Nie habe ich einem Mädchen ein Eheversprechen gegeben, nicht einmal ein fahrlässiges; sofern es den Anschein haben könnte, als täte ich es hier, ist es nur eine fingierte Bewegung. Ich werde es schon so einrichten, dass sie selbst es ist, die die Verpflichtung aufhebt. Versprechungen zu machen, verachtet mein ritterlicher Stolz. Ich verachte es, wenn ein Richter durch das Versprechen der Freiheit einen Sünder zum Geständnis lockt. Ein solcher Richter verzichtet auf seine Kraft und sein Talent. In meiner Praxis kommt noch der Umstand hinzu, dass ich nichts wünsche, was nicht im strengsten Sinne das Geschenk der Freiheit ist. Mögen schlechte Verführer sich solcher Mittel bedienen. Was erreichen sie denn auch? Wer ein Mädchen nicht derart zu bestricken weiß, dass sie alles aus dem Auge verliert, von dem man nicht möchte, dass sie es sieht, wer sich nicht derart in ein Mädchen hineinzudichten weiß, dass alles von ihr selber ausgeht, dieweil er es will, der ist und bleibt ein Pfuscher; ich werde ihn um seinen Genuss nicht beneiden. Ein Pfuscher ist und bleibt solch ein Mensch, ein Verführer, als den man mich keineswegs bezeichnen kann. Ich bin ein Ästhetiker, ein Erotiker, der das Wesen der Liebe und die Pointe darin begriffen hat, der an die Liebe glaubt und sie von Grund auf kennt, und behalte mir nur die private Meinung vor, dass jede Liebesgeschichte höchstens ein halbes Jahr dauert und dass jedes Verhältnis zu Ende ist, sobald man das letzte genossen hat. All das weiß ich, aber ich weiß auch, dass es der höchste Genuss ist, der sich denken lässt, geliebt zu werden, inniger geliebt als alles auf der Welt. Sich in ein Mädchen hineindichten, ist eine Kunst, sich aus ihr herausdichten, ist ein Meisterstück. Doch hängt das letztere wesentlich von dem ersteren ab.

[...]

Bald ist das Band der Verlobung gebrochen. Sie selbst ist es, die es löst, um mich durch diese Ungebundenheit womöglich noch stärker zu fesseln, so wie die flatternden Locken mehr fesseln als die aufgebundenen. Wenn *ich* die Verlobung aufhöbe, so würde mir dieser erotische Saltomortale entgehen, der sich so verführerisch ansieht und ein so sicheres Zeichen für die Kühnheit ihrer Seele ist. Das ist mir die Hauptsache. Hinzu kommt, dass dieser ganze Vorfall für mich allerlei unangenehme Folgen in bezug auf andere Menschen nach sich ziehen würde. Ich würde mich missliebig machen, man würde mich hassen und verabscheuen, wenn auch zu Unrecht; denn wie vorteilhaft wäre es nicht für viele! Es gibt manche kleine Jungfer, die, in

Ermangelung einer Verlobung, immerhin recht zufrieden sein würde, wenigstens ganz nahe daran gewesen zu sein. Es ist doch immerhin etwas, wenn auch, um aufrichtig zu sein, herzlich wenig, denn wenn man sich derart vorwärtsgedrängelt hat, um auf die Anwärterliste zu kommen, so ist man gerade ohne Anwartschaft; je höher man aufrückt, je weiter man vorrückt, um so geringer die Anwartschaft. In der Welt der Liebe gilt bezüglich Avancement und Beförderung das Anciennitätsprinzip* nicht. Hinzu kommt, so eine kleine Jungfer ist es überdrüssig, in ihrem ungeteilten Erbe dazusitzen, es verlangt sie danach, dass ihr Leben von einem Ereignis aufgerührt werde. Was aber ließe sich mit einer unglücklichen Liebesgeschichte vergleichen, zumal wenn man nebenbei die ganze Sache so auf die leichte Schulter nehmen kann. Man macht also sich selbst und seinem Nächsten weis, dass man auch zu den Betrogenen gehöre, und da man zur Aufnahme in ein Magdalenenstift nicht qualifiziert ist, logiert man sich nebenan in der Tränenkelter ein. Man hasst mich also pflichtschuldigst. Dazu kommt noch eine Division von denen, die unsereiner ganz oder halb oder dreiviertel betrogen hat. Es gibt in dieser Hinsicht viele Grade, bei denen angefangen, die sich auf einen Ring berufen können, bis hin zu denen, die sich an einen Händedruck bei einem Kontretanz hängen. Ihre

---

* Rangfolge nach Dienstalter.

Wunden werden durch den neuen Schmerz wieder aufreißen. Ihren Hass nehme ich noch als Zugabe mit. Alle diese Hasserinnen aber sind natürlich ebenso viele Kryptoliebhaberinnen* meines armen Herzens. Ein König ohne Land ist eine lächerliche Figur; ein Erbfolgekrieg aber zwischen einer Schar von Prätendenten auf ein Königreich ohne Land, das übertrifft selbst noch das Lächerlichste. Somit müsste ich eigentlich von dem schönen Geschlecht geliebt und gepflegt werden wie ein Leihhaus. Ein wirklich Verlobter, der kann doch nur für eine sorgen, eine solche weitläufige Möglichkeit aber kann beliebig viele versorgen, das heißt so leidlich versorgen. Diese ganze endliche Schererei werde ich los und habe zugleich den Vorteil, nach außen hin wieder einmal in einer ganz neuen Rolle auftreten zu können. Die jungen Mädchen werden mich bedauern, Mitleid mit mir haben, um mich seufzen, ich werde ganz in die gleiche Tonart einschlagen, auch auf diese Weise kann man fangen.

[...]

den 24. Sept.
Die Nacht ist still – die Uhr dreiviertel zwölf – der Jäger am Tor bläst seinen Segen hinaus übers Land, vom Bleichdamm hallt es wider – er tritt in das Tor hinein – er bläst noch einmal, und es hallt wider aus

---

* heimliche Liebhaberinnen.

noch weiterer Ferne. – Alles schläft in Frieden, nur die Liebe nicht. So erhebt euch denn, ihr heimlichen Mächte der Liebe, sammelt euch in dieser Brust! Die Nacht ist schweigend – ein einsamer Vogel unterbricht das Schweigen mit seinem Schrei und seinem Flügelschlag, indem er an dem betauten Feld hinstreicht, die Böschung des Glacis hinab; auch er eilt wohl zu einem Stelldichein – *accipio omen!*[*] – Wie ist doch die ganze Natur so ominös! Voll Vorbedeutung ist mir der Vögel Flug, ihr Schrei, der Fische ausgelassnes Schlagen gegen die Oberfläche des Wassers, ihr Verschwinden in der Tiefe, fernes Hundegebell, eines Wagens fernes Gerassel, Schritte, die von fernher widerhallen. Nicht sehe ich Gespenster in dieser nächtlichen Stunde, nicht sehe ich, was war, sondern das, was kommen wird, im Busen des Sees, im Kuss des Taus, im Nebel, der sich über die Erde breitet und deren fruchtbare Umarmung verbirgt. Alles ist Bild, ich selbst bin ein Mythos meiner selbst, denn ist es nicht wie ein Mythos, dass ich zu dieser Begegnung eile? Wer ich bin, tut nichts zur Sache; alles Endliche und Zeitliche ist vergessen, nur das Ewige bleibt, der Liebe Macht, ihr Sehnen, ihre Seligkeit. – Wie ist meine Seele so gestimmt gleich einem gespannten Bogen, wie liegen die Gedanken bereit gleich Pfeilen in meinem Köcher, nicht giftig und doch recht dazu

* Ich nehme es als Vorbedeutung (nach Cicero).

angetan, mit dem Blut sich zu mischen. Wie ist meine Seele kräftig, gesund, froh, gegenwärtig gleich einem Gott. – – Von Natur war sie schön, meine Cordelia. Ich danke Dir, wunderbare Natur! Wie eine Mutter hast Du über sie gewacht. Hab Dank für Deine Sorgsamkeit! Unverfälscht war sie. Ich danke euch, ihr Menschen, denen sie es verdankt. Ihre Entwicklung war mein Werk – bald genieße ich meinen Lohn. – Wieviel hab' ich nicht gesammelt in diesen einen Augenblick, der jetzt bevorsteht. Tod und Teufel, wenn der mir entginge! –

Noch seh' ich meinen Wagen nicht. – Ich höre Peitschenknallen, das ist mein Kutscher. – Fahr zu auf Leben und Tod, und wenn auch die Pferde zusammenbrechen, nur nicht eine Sekunde früher, als bis wir an Ort und Stelle sind.

den 25. Sept.
Warum kann eine solche Nacht nicht länger währen? Konnte Alektryon* sich vergessen, warum kann denn die Sonne nicht mitleidig genug dazu sein? Doch nun ist es vorbei, und ich wünsche sie nie mehr zu sehen. Wenn ein Mädchen alles hingegeben hat, so ist sie schwach, so hat sie alles verloren; denn Unschuld ist

* In der gr. Myth. der Freund des Ares, der während des Stelldich-eins von Ares und Aphrodite Wache halten sollte, aber einschlief, so dass die beiden Liebenden vom Sonnengott und Hephaistos überrascht und dem ganzen Olymp zum Gespött wurden.

Kierkegaards Selbstporträt in einem Brief an Regine,
September/November 1840

Regine Olsen, Gemälde von Emil Bærentzen (1840)

beim Manne ein negatives Moment, beim Weibe ist es ihres Wesens Gehalt. Jetzt ist aller Widerstand unmöglich, und nur solange der da ist, ist es schön zu lieben, sobald er aufgehört hat, ist es Schwäche und Gewohnheit. Ich wünsche mich nicht an mein Verhältnis zu ihr zu erinnern; sie hat den Duft verloren, und jene Zeiten sind vorbei, da ein Mädchen aus Schmerz über ihren treulosen Liebhaber sich in ein Heliotrop* verwandelt. Abschied will ich nicht von ihr nehmen; nichts ist mir widerwärtiger als Weibertränen und Weiberbitten, die alles verändern und doch eigentlich nichts zu bedeuten haben. Ich habe sie geliebt; doch von nun an kann sie meine Seele nicht mehr beschäftigen. Wär' ich ein Gott, so wollt' ich für sie tun, was Neptun für eine Nymphe tat: sie verwandeln in einen Mann.

Es wäre doch wirklich wissenswert, ob man etwa nicht imstande wäre, sich derart aus einem Mädchen herauszudichten, dass man sie so stolz machte, dass sie sich einbildete, sie selbst sei des Verhältnisses überdrüssig. Das könnte ein recht interessantes Nachspiel geben, das an sich psychologisches Interesse hätte und nebenbei einen mit manchen erotischen Beobachtungen bereichern könnte.

(*Entweder – Oder*)

---

* wie in der gr. Myth. die Nymphe Klythia, als der Sonnengott Apollon ihr untreu geworden war.

Unschuld

In einer Loge mir gerade gegenüber saß in der dritten Reihe ein junges Mädchen, halbverdeckt von einem älteren Paar, das in der ersten Reihe saß. Das junge Mädchen war schwerlich im Theater, um gesehen zu werden, wie man denn aufs Ganze gesehen in diesem Theater von diesen widerlichen weiblichen Schaustellungen verschont ist. Sie saß in der dritten Reihe, ihre Kleidung war einfach und bescheiden, beinahe häuslich. Sie war nicht in Zobel oder Marder gehüllt, sondern gehüllt in ein großes Tuch, und aus dieser Umhüllung neigte sich demütig ihr Haupt, ebenso wie die oberste Blüte eines Maiglöckchenstengels sich aus der Hülle des großen Blattes herausneigt. Wenn ich also auf Beckmann[*] geblickt, wenn ich meinen ganzen Leib vom Lachen hatte durchschütteln lassen, wenn ich ermattet hinsank und nun mich forttragen ließ auf dem Strom des Jubels und der Fröhlichkeit und ich dann aus dem Bade stieg und zu mir selbst zurückkehrte, so suchte mein Auge sie, und ihr Anblick erquickte mein ganzes Wesen mit seiner freundlichen Milde. Oder wenn in der Posse selber ein mehr pathetisches Gefühl durchbrach, so blickte ich auf sie, und ihr Wesen gewährte mir die Hingabe

---

[*] Friedrich Beckmann (1803–1866), Schauspieler am Königsstädter Theater in Berlin.

daran, denn sie saß bei dem allen ganz in sich versunken mit ihrem stillen Lächeln in kindlicher Verwunderung. Sie kam, ebenso wie ich, jeden Abend dahin. Bisweilen geriet ich ins Sinnen, was sie wohl dazu veranlassen könne, doch auch diese Gedanken wurden zu bloßen Stimmungen, die zu ihr hinüberglitten, so dass mir einen Augenblick lang schien, sie müsse ein Mädchen sein, das viel gelitten habe, sich nun ganz dicht in seinen Schal hülle und mit der Welt nichts mehr zu tun haben wolle, bis dass der Ausdruck in ihren Mienen mich gewiss machte, sie sei ein glückliches Kind, welches das Tuch so fest zusammenziehe, um es sich recht wohl sein zu lassen. Sie ahnte nicht, dass sie gesehen wurde, geschweige denn, dass mein Auge über ihr wachte; es wäre auch ein Unrecht gegen sie gewesen und am schlimmsten für mich selber; denn es gibt eine Unschuld, eine Unbewusstheit, die selbst der reinste Gedanke stören kann. Von selbst entdeckt man dergleichen nicht; vertraut einem aber sein guter Genius an, wo solch eine ursprüngliche Heimlichkeit sich verbirgt, so kränke man diese doch nicht, und betrübe seinen Genius nicht. Hätte sie meine stumme halbverliebte Freude auch nur geahnt, so wäre alles verdorben und nicht wieder gut zu machen gewesen, auch nicht mit ihrer ganzen Liebe. Ich weiß den Ort einige Meilen von Kopenhagen, an dem ein junges Mädchen wohnt; ich kenne den großen schattigen Garten mit den vielen

Bäumen und Sträuchern. Ich weiß den Hang, der ein kleines Stückchen davon liegt, mit Büschen bewachsen, von dem her man in den Garten herniederschauen kann, selber von dem Buschwerk gedeckt. Ich habe es niemand verraten, nicht einmal mein Kutscher weiß davon; denn ihn täusche ich, indem ich ein Stück weiter ab aussteige, und nach rechts gehe statt nach links. Wenn dann meine Seele den Schlaf nicht findet und der Anblick meines Betts mich mehr ängstigt als ein Folterwerkzeug, mehr als der Kranke das Streckbett fürchtet, so fahre ich die ganze Nacht. Früh am Morgen liege ich hinter den Büschen versteckt. Wenn dann das Leben zu erwachen beginnt, wenn die Sonne ihr Auge aufschlägt, wenn der Vogel seine Flügel regt, wenn der Fuchs aus seinem Loche schleicht, wenn der Bauer in seiner Tür steht und hinschaut über das Feld, wenn die Magd mit ihrem Melkeimer hinabgeht zur Wiese, wenn der Schnitter die Sense dengelt und sich dieses Vorklangs erfreut, welcher des Tages und der Arbeit Kehrreim sein wird, – so kommt auch das junge Mädchen zum Vorschein. Wer da schlafen könnte! Wer da leicht schlafen könnte, – so dass der Schlaf selber keine schwerere Bürde wäre als der Tag! Wer da von seinem Lager aufstehn könnte, als hätte niemand darauf geruht, so dass das Lager selber kühl wäre und lieblich und erquickend zu sehen, als hätte der Schlafende nicht darauf geruht, sondern sich nur darüber gebeugt, um alles zu richten!

Wer da so sterben könnte, dass sogar sein Sterbelager im gleichen Augenblick, da man ihn davon fortnimmt, einladender anzusehn wäre, als wenn eine sorgliche Mutter das Bett aufgeschüttelt und darüber hingehaucht hätte, damit das Kind ruhiger schlafe. So kommt denn das junge Mädchen zum Vorschein, so geht sie staunend umher, (wer staunt am meisten, das Mädchen oder die Bäume!) so kauert sie sich nieder und pflückt von den Sträuchern, so springt sie leicht umher, so steht sie gedankenvoll still. Welch eine wundersame Überredung liegt nicht in alledem! So findet meine Seele denn zuletzt Ruhe. Glückliches Mädchen! Wo jemals ein Mann deine Liebe gewinnen sollte, mögest du ihn dann ebenso glücklich machen, indem du für ihn alles bist, wie du mich machst, indem du nichts für mich tust.

(*Die Wiederholung*)

Salomos Traum

Salomos Urteil ist wohlbekannt, es hat es vermocht, Wahrheit und Trug zu scheiden und den das Urteil Sprechenden berühmt zu machen als den weisen Herrscher, weniger bekannt ist sein Traum.

Gibt es überhaupt eine Qual der Zuneigung, so ist es die, seines Vaters sich schämen zu müssen, dessen, den man am höchsten liebt und dem man am meisten schuldet, sich ihm rücklings nähern zu müssen, mit abgewandtem Gesicht, auf dass man seine Schande nicht sehe. Welche größere Seligkeit der Zuneigung aber gibt es als so lieben zu dürfen wie es des Sohnes Verlangen ist, und dass alsdann zu diesem Glück es noch hinzukommt, stolz auf ihn sein zu dürfen, weil er der eine Auserwählte ist, der eine Überragende, eines Volkes Stärke, eines Landes Stolz, Gottes Freund, der Zukunft Verheißung, zu Lebzeiten gepriesen, hochrühmlich durch sein Andenken! Glücklicher Salomo, dies ist dein Los gewesen. In dem auserwählten Volke (wie herrlich schon, diesem zu gehören!) war er des Königs Sohn (beneidenswürdiges Los), jenes Königs Sohn, welcher der Auserwählte war unter den Königen!

So hat denn Salomo voll Glücks gelebt bei dem Propheten Nathan. Des Vaters Kraft, des Vaters Heldengröße begeisterten ihn nicht zur Tat, denn dazu bot sich nicht Gelegenheit, doch sie begeisterten ihn zu der Bewunderung und die Bewunderung ließ ihn zum Dichter werden. Doch wenn der Dichter seinen Helden fast beneidete, so war der Sohn beseligt in der Ergebenheit für seinen Vater.

Da geschah es eines Tages, dass der Jüngling seinen königlichen Vater besuchte. In der Nacht wacht er auf, weil er es sich bewegen hört dort, wo der Vater schläft. Es packt ihn Grauen, er fürchtet einen Neidling, welcher David morden will. Er schleicht sich näher – er erblickt David in des Herzens Zerknirschung, er hört den Schrei der Verzweiflung aus des Reuenden Seele.

Kraftlos sucht er wieder sein Lager, er schlummert ein, aber er ruht nicht, er träumt; er träumt, dass David ein Gottloser ist, verworfen von Gott, dass die königliche Majestät der Zorn Gottes über David ist, dass er den Purpur tragen muss zur Strafe, dass er dazu verdammt ist zu herrschen, verdammt, des Volkes Segnung zu vernehmen, indessen des Herren Gerechtigkeit heimlich und verborgen Gericht hält über den Schuldigen; und der Traum, er ahnt: Gott ist nicht der Frommen Gott, sondern der Gottlosen, und ein Gottloser muss man werden, um der Auserwählte Gottes zu sein, und des Traumes Grauen ist dieser Widerspruch.

Als David auf dem Boden lag, zermalmten Herzens, da stand Salomo vom Lager auf, doch zermalmt war sein Verstand. Grauen griff ihn, als er dachte, was es heißt, der Auserwählte Gottes sein. Er ahnte, dass des Heiligen Vertraulichkeit mit Gott, des Reinen Aufrichtigkeit zu Gott nicht die Erklärung sei, sondern dass geheime Schuld sei das Geheimnis, das alles erklärt.

Und Salomo ward weise, doch er ward nicht Held; und er ward Denker, doch er ward nicht ein Beter; und er ward Prediger, doch er ward nicht ein Glaubender; und er konnte vielen helfen, doch sich selber konnte er nicht helfen; und er ward wollüstig, doch er reute nicht; und er ward zermalmt, jedoch nicht aufgerichtet, denn des Willens Kraft hatte sich verhoben an dem, das über eines Jünglings Kräfte war. Und er wirbelte durchs Leben, umwirbelt vom Leben, stark, übernatürlich stark, d. h. weibisch schwach in der Einbildung tollen Betörungen und wundervollen Erfindungen, sinnreich in gedanklicher Erklärung. Aber es war Zwiespalt gesetzt in sein Wesen, und Salomo war gleich dem Schwächling, der seinen Leib nicht zu tragen vermag. In seinem Harem, da saß er gleich einem entkräfteten Greise, bis dass die Lust aufwachte und er rief: ›Schlagt auf den Tambourin, ihr Weiber, und tanzet vor mir‹. Doch wenn des Ostens Königin kam, ihn zu besuchen, von seiner Weisheit gelockt, dann war seine Seele reich, und Worte der Weisheit flossen von seinen Lippen gleich der köstlichen Myrrhe, die niederrinnt an den Bäumen in Arabien.

(*Stadien auf des Lebens Weg*)

Szene auf dem Kirchhof

Es ist ungefähr vier Jahre her, es war ein Sonntag – ja, nun wird man mir vielleicht nicht glauben, weil es wieder ein Sonntag ist, aber es ist dennoch ganz sicher, es war ein Sonntag, ungefähr zwei Monate nach jenem zuvor erwähnten Sonntag. Aber es war später am Tage, der Abend näherte sich. Und der Abschied des Abends vom Tage und von dem, der den Tag erlebte, ist eine rätselhafte Sprache; seine Mahnung ist wie die Ermahnung der sorglichen Mutter an das Kind, zur rechten Zeit nach Hause zu gehen; seine Einladung aber, selbst wenn der Abschied ohne Schuld daran ist, dass er so missverstanden wird, ist ein unerklärliches Winken, als sei die Ruhe nur dadurch zu finden, dass man draußen bei dem nächtlichen Stelldichein, nicht mit einem Weibe, wohl aber weiblicherweise mit dem Unendlichen, bleibe, überredet vom Wind der Nacht, wenn er eintönig sich selbst wiederholt, wenn er Wald und Wiese durchsucht und seufzt, als suche er etwas, überredet von dem fernen Widerhallen der Stille in sich selbst, als ahne sie etwas, überredet von der erhabenen Ruhe des Himmels, als sei es gefunden, überredet von dem gleichsam hörbaren lautlosen Fallen des Taus, als wäre dies [alles] die Erklärung und der Unendlichkeit Erquickung, gleich der Fruchtbarkeit einer stillen Nacht, nur halb verstanden wie die halbe Durchsichtigkeit des Nachtnebels. Gegen meine Gewohnheit war ich in den Garten hinausgekommen, den man den Garten der Toten nennt, wo wiederum des Besuchers Abschied doppelt schwierig ist, weil es sinnlos ist zu sagen: noch einmal, weil das letzte Mal schon vorbei ist, und weil kein Grund vorhanden ist, mit dem Abschiednehmen aufzuhören, wenn der Anfang gemacht wird, nachdem das letzte Mal vorbei ist. Die meisten waren schon nach Hause gegangen, nur ein einzelner verschwand gerade zwischen den Bäumen; nicht erfreut über die Begegnung, wich er einem aus, da er ja Tote suchte und nicht Lebendige; denn immer herrscht ja in diesem Garten die schöne Übereinkunft zwischen den Besuchern, dass man nicht hingeht, um zu sehen und gesehen zu werden, sondern ein Besucher weicht dem andern aus. Man braucht aber auch keine Gesellschaft, am wenigsten einen redseligen Freund, dort, wo alles Beredtheit ist, wo der Tote einem das kurze Wort, das über sein Grab gesetzt wurde, zuruft, nicht wie der Pfarrer, der über das Wort des Langen und Breiten predigt, sondern wie ein stiller Mann, der nur dieses Wort sagt, es aber mit einer Leidenschaft sagt, als wollte der Tote das Grab sprengen – oder ist es nicht sonderbar, auf seinen Grabstein zu setzen: Wir sehen uns wieder, und dann da unten zu bleiben? Und doch welche Innerlichkeit in dem Worte, gerade durch den Widerspruch! Denn dass der Mann, der morgen wiederkommt, sagt: Wir sehen uns wieder, ist nicht erschütternd. Aber alles gegen sich haben, keinen, keinen direkten Ausdruck für seine Innerlichkeit haben und doch zu seinem Wort stehen, das ist die wahre Innerlichkeit, und die Innerlichkeit ist in demselben Grade unwahr, als der Ausdruck im Äußeren, in Angesicht und Miene, in Worten und Beteuerungen sofort zur Hand ist, nicht gerade weil der Ausdruck selber unwahr ist, sondern weil das die Unwahrheit ist, dass die Innerlichkeit nur ein Moment sei. Der Tote bleibt ganz still, während die Zeit dahingeht; auf das Grab des berühmten Kriegers hat man sein Schwert gelegt und Frechheit hat die Gitterpforte in Stücke geschlagen; aber der Tote stand nicht auf, griff nicht zum Schwert, um sich und seine Ruhestätte zu verteidigen; er gestikuliert nicht, er versichert nicht, er lodert nicht auf im Augenblick der Innerlichkeit, sondern schweigsam wie das Grab und still wie ein Toter bewahrt er seine Innerlichkeit und steht zu seinem Wort. Gepriesen sei der Lebende, der sich im Äußeren wie ein Verstorbener zu seiner Innerlichkeit verhält und gerade dadurch sie bewahrt, nicht als die Erregtheit eines Augenblicks und als eines Weibes Betörtheit, sondern als das Ewige, das durch den Tod gewonnen worden ist. Der ist ein Mann; denn dass ein Weib in momentaner Innerlichkeit überschäumt, ist nicht unschön, und dass es diese bald wieder vergisst, ist auch nicht unschön; das eine entspricht nämlich dem anderen und beides dem Weiblichen und dem, was man so alltäglich unter Innerlichkeit versteht.

Vom Gehen müde, setzte ich mich auf eine Bank, voll Bewunderung Zeuge dessen, wie jener stolze Herrscher, der nun schon seit Jahrtausenden des Tages Held gewesen ist und es bis zum letzten Tage bleiben wird, wie die Sonne bei ihrem funkelnden Hinscheiden den Schimmer der Verklärung über die ganze Umgebung warf, während mein Auge über die Mauer hinweg, die den Garten umgibt, in jenes ewige Sinnbild der Ewigkeit hineinschaute: den unendlichen Horizont. Was der Schlaf für den Leib ist, das ist ein solches Ausruhen für die Seele: dass sie recht ausatmen kann. In demselben Augenblick entdecke ich zu meinem Erstaunen, dass die Bäume, die mich vor den Augen anderer verbargen, andere vor meinen Augen verborgen hatten; denn ich hörte dicht neben mir eine Stimme. Es hat immer mein Schamgefühl verletzt, Zeuge der Gefühlsäußerung eines anderen Menschen zu sein, die in einer Weise geschieht, wie man sich ihr nur hingibt, wenn man sich unbemerkt glaubt; denn es gibt eine Innerlichkeit des Gefühls, die sich geziemenderweise verbirgt und nur Gott offenbar ist; gleichwie eines Weibes Schönheit jedermann verborgen und nur dem Geliebten offenbar sein will: deshalb beschloss ich, mich zu entfernen. Aber die ersten Worte, die ich hörte, fesselten mich mächtig, und da ich durch das Geräusch meines Weggehens mehr zu stören fürchtete, als wenn ich still sitzen bliebe, wählte ich letzteres und wurde nun Zeuge einer Situation, die, so feierlich sie auch war, durch meine Gegenwart doch nicht entweiht wurde. Ich sah durch die Blätter, dass es zwei waren: ein Greis mit schlohweißen Haaren und ein Kind, ein

Knabe von ungefähr zehn Jahren. Sie waren beide in Trauerkleidung und saßen an einem frisch zugeschütteten Grabe, woraus leicht der Schluss zu ziehen war, dass sie ein kürzlich erlittener Verlust beschäftigte. Die ehrwürdige Gestalt des Greises ward in dem verklärenden Abendscheine noch feierlicher, und seine Stimme, ruhig und doch bewegt, gab jedes Wort deutlich wieder und deutlich auch mit der Innerlichkeit, die sie in dem Redenden hatten, der ab und zu innehielt, wenn seine Stimme in Tränen erstickte oder die Stimmung in einem Seufzer endete. Denn Stimmung ist wie der Nigerstrom in Afrika, niemand kennt seinen Ursprung, niemand kennt seinen Ausfluss, nur sein Lauf ist bekannt! Aus dem Gespräch erfuhr ich, dass der kleine Knabe ein Enkel des Greises war, und der, dessen Grab sie besuchten, der Vater des Knaben. Aller Wahrscheinlichkeit nach war wohl die ganze übrige Familie, da niemand sonst genannt wurde, ausgestorben, wovon ich mich auch bei einem späteren Besuch überzeugte, als ich auf der Grabtafel den Namen las und die Namen der vielen Verstorbenen. Der Greis sprach mit dem Kinde davon, dass es nun keinen Vater mehr habe, niemand, an den es sich halten könne, außer einem alten Manne, der doch für ein Kind zu alt sei und sich selbst von der Welt fortsehne; dass aber ein Gott im Himmel sei, nach dem alles, was Vater heißt im Himmel und auf Erden, den Namen habe, und dass es *einen* Namen gebe, in dem das Heil sei, den Namen Jesu Christi. Er hielt einen Augenblick inne, und dann sagte er halblaut bei sich selbst: Dass dieser Trost mir zum Entsetzen werden sollte; dass er, mein Sohn, der jetzt ins Grab gelegt ist, ihn fahren lassen konnte! Wozu all meine Hoffnung, wozu all meine Fürsorge, wozu all seine Weisheit, wenn nun sein Tod mitten in der Verirrung die Seele eines Glaubenden in Ungewissheit über seine Rettung versetzt und meine grauen Haare mit Herzeleid in die Grube bringt; wenn er einen Glaubenden dahin bringt, die Welt in Angst zu verlassen, und einen Greis dahin, dass er wie ein Zweifler nach Gewissheit jagt und sich verzagt nach dem Zurückgebliebenen umsieht. Darauf sprach er wieder mit dem Kinde davon, dass es eine Weisheit gebe, die an dem Glauben vorbeifliegen wolle, dass es jenseits des Glaubens eine weite Strecke Landes, den blauen Bergen gleich, gebe, ein scheinbares Festland, das für die Augen des Sterblichen wie eine Gewissheit aussehe, die höher sei als die des Glaubens, dass aber der Glaubende diese Luftspiegelung fürchte, wie der Schiffer die ähnliche auf See fürchte, dass das nur ein Schein der Ewigkeit sei, in dem der Sterbliche sich nicht aufhalten könne, und dass er, wenn er sich dennoch dahinein starre, den Glauben verliere. Er schwieg wieder und sagte dann halblaut vor sich hin: Ach, dass mein unglücklicher Sohn sich betrügen lassen sollte! Wozu doch alle seine Gelehrsamkeit, die es ihm unmöglich machte, sich mir verständlich zu machen, so dass ich nicht mit ihm von seiner Verirrung reden konnte, weil sie mir zu hoch war! Dann erhob er sich und führte das Kind zum Grabe hin und sagte mit einer Stimme, deren Eindrücklichkeit ich nie vergessen werde: »Armer Junge, du bist nur ein Kind, und doch wirst du bald allein in der Welt dastehen. Gelobst du mir denn beim Andenken deines verstorbenen Vaters, der, wenn er jetzt zu dir sprechen könnte, so sprechen würde und der jetzt durch meine Stimme zu dir spricht: gelobst du beim Anblick meines Alters und meiner grauen Haare, gelobst du bei der Feierlichkeit dieser geheiligten Stätte, bei dem Gott, dessen Namen du doch anrufen gelernt hast, beim Namen Jesu Christi, in dem allein das Heil ist: gelobst du mir, dass du an diesem Glauben im Leben und im Sterben festhalten willst, dass du dich von keinem Blendwerk, wie auch immer die Gestalt der Welt sich verändern möge, betrügen lassen willst, gelobst du mir das?« Von dem Eindruck überwältigt, warf sich der Kleine auf die Knie, der Greis aber richtete ihn auf und drückte ihn an seine Brust.

Ich bin es der Wahrheit schuldig, hier zu gestehen, dass dies die erschütterndste Szene ist, deren ich je Zeuge gewesen bin. Was vielleicht einen Augenblick diesen oder jenen dazu neigen lässt, das Ganze für eine Fiktion zu halten, nämlich dass ein Greis so zu einem Kinde spricht, das gerade erschütterte mich am allermeisten: dieser unglückliche Greis, der einsam geworden war in der Welt, allein mit einem Kinde, und keinen hatte, mit dem er über seinen Kummer sprechen konnte, außer einem Kinde, und der nur einen zu retten hatte, ein Kind, bei dem er doch nicht die Reife voraussetzen konnte, das Gesagte zu verstehen, aber dennoch nicht das Kommen der Reife abwarten durfte, weil er selbst ein Greis war. Schön ist es, ein Greis zu sein, lieblich für den alten Mann, das neue Geschlecht um sich herum aufwachsen zu sehen, und eine erfreuliche Rechenaufgabe, zuzuzählen, sooft sich die Zahl erhöht. Wird es aber sein Los, noch einmal zu rechnen, wird die Rechenaufgabe die, abzuziehen, jedesmal wenn der Tod nimmt und abermals nimmt – bis es heißt quitt, und der Greis allein übrig bleibt, um zu quittieren: was ist dann mit dem Schweren zu vergleichen, ein Greis zu sein! Wie die Not einen Menschen zum Äußersten treiben kann, so schien mir das Leid des Greises seinen stärksten Ausdruck gerade darin zu finden, was man dichterisch eine Unwahrscheinlichkeit nennen müsste: dass ein Greis in einem Kinde seinen einzigen Vertrauten hat und dass einem Kinde ein heiliges Gelübde, ein Eid abgefordert wird.

Obgleich nur Zuschauer und Zeuge, war ich doch tief ergriffen; in dem einen Augenblick war mir's, als sei ich selbst der junge Mann, den der Vater mit Entsetzen begrub, in dem nächsten war mir's, als sei ich das Kind, das durch das heilige Gelübde gebunden wurde. Indes fühlte ich mich nicht getrieben hervorzustürzen, um dem alten Manne gerührt meine Teilnahme zu bezeugen, indem ich ihm etwa unter Tränen und mit zitternder Stimme versicherte, dass ich diese Szene niemals vergessen werde, oder wohl gar ihn aufforderte, auch mich in Eid zu nehmen; denn nur vorschnelle Menschen, unfruchtbare Wolken und Regenböen sind mit nichts eiliger als mit dem Eid ablegen; weil sie nämlich nicht vermögen, ihn auch zu halten, deshalb müssen sie ihn beständig ablegen. Ich für mein Teil bin der Ansicht, dass »diesen Eindruck niemals vergessen wollen« etwas anderes ist als einmal in einem feierlichen Augenblick zu sagen »das will ich niemals vergessen«: ersteres ist die Innerlichkeit, das zweite jedoch vielleicht nur die momentane Innerlichkeit. Und wenn man es wirklich niemals vergisst, so hält man die Feierlichkeit, womit man es gesagt hat, nicht für so wichtig, da die fortwährende Feierlichkeit, mit der man sich täglich daran hindert, es zu vergessen, die wahrere Feierlichkeit ist. Das Frauenzimmerhafte ist immer gefährlich. Ein zärtlicher Händedruck, eine leidenschaftliche Umarmung, eine Träne im Auge sind doch nicht ganz dasselbe wie die stille Weihe des Entschlusses; und die Innerlichkeit des Geistes ist im Leibe doch immer wie ein Fremdling und Ausländer, wozu also Gestikulationen? Brutus sagt so wahr bei Shakespeare, als die

Verschworenen sich durch einen Eid zur Tat verbinden wollen: »Nein, keinen Eid … Lasst Priester, Memmen, schlaue Rechner schwören, verdorrte
Greise und die Jammerseelen … entehrt nicht so den
Gleichmut unsrer Handlung und unsern unbezwing-
lich festen Sinn, zu denken, unsre Tat brauch' einen
Eid!« Der augenblickliche Erguss der Innerlichkeit
hinterlässt oft genug eine Mattigkeit, die gefährlich
ist. Dazu kommt, dass eine einfache Beobachtung
mich auch auf eine andere Weise Vorsicht bei der
Ablegung eines Eides und Gelübdes gelehrt hat, dass
[also] die wahre Innerlichkeit sogar gezwungen ist,
sich durch den Gegensatz auszudrücken. Flüchtige
und leicht auflodernde Menschen sind zu nichts
leichter geneigt, als ein heiliges Gelübde abzufordern,
weil die innere Schwäche der starken Stimulation des
Augenblicks bedarf. Einem solchen Menschen ein
heiliges Versprechen zu geben, ist sehr bedenklich,
und man tut deshalb am besten, den feierlichen Auf-
tritt zu verhindern, während man durch eine kleine
reservatio mentalis* sich selbst bindet, wenn überhaupt die Forderung eines Gelöbnisses einigermaßen
berechtigt ist. Dadurch nützt man dem andern Menschen, verhindert die Profanation des Heiligen, verhindert ihn, selbst durch einen Eid gebunden zu we-
den; denn es würde doch damit enden, dass er ihn

* geistiger Vorbehalt.

bräche. Wenn so Brutus angesichts der Tatsache, dass die Verschworenen, bis auf eine Ausnahme, wohl leicht entflammte Köpfe und daher eilfertig seien, Eide und heilige Gelübde abzulegen sowie heilige Gelübde zu fordern, sie von sich zurückgestoßen hätte und aus dem Grunde die Ablegung des Gelübdes verhindert hätte, während er, da er das Unternehmen für eine gerechte Sache und es auch für gerechtfertigt hielt, dass sie sich an ihn wandten, in aller Stille sich selbst dazu geweiht hätte: dann, so kommt es mir vor, wäre seine Innerlichkeit noch größer gewesen. Nun deklamiert er ein wenig, und obgleich Wahrheit in ihm ist – in dem, was er sagt –, ist es doch auch etwas Unwahres, dass er es zu den Verschworenen sagt, ohne sich recht klar zu machen, zu wem er redet.

(Abschließende unwissenschaftliche Nachschrift)

II

(Selbst-)Zufriedenheit: ethisches Vergnügen

Wir kehren also zu der ersten Liebe zurück. Sie ist die Einheit von Freiheit und Notwendigkeit. Das Individuum fühlt sich mit unwiderstehlicher Gewalt zu dem anderen Individuum hingezogen, fühlt aber eben darin seine Freiheit. Sie ist eine Einheit des Allgemeinen und des Besonderen, sie besitzt das Allgemeine als das Besondere, sogar bis zur Grenze des Zufälligen. Aber das alles hat sie nicht kraft der Reflexion, sie hat es unmittelbar. Je bestimmter in dieser Hinsicht die erste Liebe ist, desto gesünder ist sie, desto größer die Wahrscheinlichkeit, dass es wirklich eine erste Liebe ist. Mit unwiderstehlicher Gewalt werden sie zueinander hingezogen, und doch genießen sie hierin die ganze Freiheit. Ich habe nun keine hartherzigen Väter bei der Hand, keine Sphinxe, die erst besiegt werden müssen, ich habe Vermögen genug, sie auszusteuern (ich habe mir ja auch nicht, wie Romanschreiber und Theaterdichter, die Aufgabe gestellt, die Zeit in die Länge zu ziehen, zur Plage der ganzen Welt, der Liebenden, der Leser und Zuschauer), also, in Gottes Namen, lass sie sich kriegen. Du siehst, ich spiele den edlen Vater, und das ist wirklich an und für sich eine überaus schöne Rolle, wenn wir sie nur nicht selber oft so lächerlich gemacht hätten. Du hast vielleicht bemerkt, dass ich nach Väter Art das Wörtchen »in Gottes Namen« hinzugefügt habe. Das magst Du nun dem alten Mann wohl verzeihen, der vielleicht nie gewusst, was die erste Liebe ist, oder es schon lange vergessen hat; wenn aber der jüngere Mann, der noch für die erste Liebe begeistert ist, sich erlaubt, hierauf Gewicht zu legen, so wundert es Dich vielleicht.

(Entweder – Oder)

Die Ehe gibt daher dem Menschen eigentlich erst seine positive Freiheit, weil dieses Verhältnis sich über sein ganzes Leben ausdehnen kann, über das Kleinste wie über das Größte. Sie macht ihn frei von einer gewissen unnatürlichen Verlegenheit in natürlichen Dingen, die zwar auch leicht auf manche andere Art erworben werden kann, aber freilich auch leicht auf Kosten des Guten; sie macht ihn frei davon, in Gewohnheit zu stagnieren, indem sie eine frische Strömung unterhält; macht ihn frei von Menschen eben dadurch, dass sie ihn an *einen* Menschen bindet. Ich habe vielfach bemerkt, dass gerade Leute, die unverheiratet sind, sich zu Knechten machen. Zunächst sind sie die Knechte ihrer Launen; gerade in ihrem täglichen Leben dürfen sie sich alles erlauben, sind niemandem Rechenschaft schuldig, sodann aber werden sie auch abhängig von anderen Menschen, ja deren Sklaven. Welche Rolle spielt nicht oft ein Diener, eine Haushälterin usw. Sie sind die personifizierten Launen und Neigungen der Herrschaft, reduziert auf den Glockenschlag; sie wissen, wann der Herr aufsteht, oder besser, wie lange vorher man ihn wecken muss, oder besser, wie lange vorher sein Arbeitszimmer geheizt sein muss, ehe man ihn weckt; sie wissen ihm reine Wäsche hinzulegen, seine Strümpfe umzukehren, so dass er sie mit Leichtigkeit anziehen kann, kaltes Wasser in Bereitschaft zu halten, wenn er sich in lauwarmem gewaschen hat, die Fenster zu öffnen, wenn er ausgeht, ihm Stiefelknecht und Hausschuhe hinzustellen, wenn er nach Hause kommt etc. etc. In all dieses weiß das dienende Personal, zumal wenn es ein bisschen gescheit ist, sich leicht hineinzudenken. Obwohl nun dieses alles bis aufs Tüpfelchen geschieht, sind solche unverheirateten Personen doch oft nicht zufrieden. Sie können sich ja die Befriedigung jedes Wunsches erkaufen. Sie sind zuweilen unwirsch und mürrisch, hinterher schwach und gutmütig. Ein paar Reichstaler machen ja alles gut. Daraus lernt der Dienstbote bald seinen Nutzen zu ziehen; es kommt also nur darauf an, in gehörigen Zwischenräumen etwas verkehrt zu machen, die Herrschaft in Wut zu bringen, darüber verzweifelt zu werden und darauf ein Trinkgeld zu empfangen. Die Herrschaft ist bald von einer solchen Persönlichkeit völlig eingenommen, der Herr weiß nicht, ob er die Genauigkeit dieses Menschen mehr bewundern soll oder die aufrichtige Reue, die er zeigt, wenn er sich verfehlt hat. Ein solcher Diener wird also der Herrschaft unentbehrlich und ist ein vollkommener Despot.

(*Entweder – Oder*)

Ja, mein guter Weiser, es ist unglaublich, welch ein natürlicher Virtuose eine Frau ist, sie erklärt auf die interessanteste und schönste Art das Problem, das schon manchen Philosophen den Verstand gekostet hat: die Zeit. Ein Problem, über das man bei vielen Philosophen bei all ihrer Weitläufigkeit vergebens Aufklärung sucht, erklärt sie ohne weiteres zu jeder Tageszeit. So erklärt sie dieses Problem, so erklärt sie viele andere auf eine Weise, welche die höchste Verwunderung erregt. Obwohl ich noch kein alter Ehemann bin, so glaube ich doch, ein ganzes Buch hierüber schreiben zu können. Das will ich jedoch nicht, aber ich will Dir eine Geschichte erzählen, die mir stets sehr bezeichnend gewesen ist. Irgendwo in Holland lebte ein Gelehrter. Er war Orientalist und verheiratet. Eines Mittags kommt er zur Essenszeit nicht ins Zimmer, obgleich man ihn gerufen hat. Seine Frau wartet sehnsüchtig mit dem Essen, sie weiß, er ist zu Hause, und je länger es dauert, um so weniger weiß sie sich sein Ausbleiben zu erklären. Endlich entschließt sie sich, selbst hinüberzugehen und ihn zum Kommen zu bewegen. Da sitzt er allein in seinem Arbeitszimmer, kein Mensch ist bei ihm. Er ist in seine orientalischen Studien vertieft. Ich kann mir vorstellen, sie hat sich über ihn gebeugt, den Arm um seinen Hals gelegt, in sein Buch hinab-geguckt, darauf ihn angesehen und gesagt: Lieber, warum kommst Du nicht zum Essen? Der Gelehrte hat vielleicht kaum Zeit gehabt, auf das zu achten, was da gesagt wurde, aber als er seine Frau sieht, hat er vermutlich geantwortet: »Ja, mein Mädchen, von Mittagessen kann jetzt keine Rede sein, hier ist eine Vokalisation, wie ich sie noch nie gesehen habe, ich habe die Stelle schon oft genug angeführt gesehen, aber noch nie so, und doch ist meine Ausgabe eine vortreffliche holländische Ausgabe, siehst Du, dieser Punkt hier, über den könnte man verrückt werden.« Ich kann mir vorstellen, seine Frau hat ihn angese-hen, halb lächelnd, halb vorwurfsvoll, weil so ein kleiner Punkt die häusliche Ordnung stören sollte, und die Sage berichtet, sie habe geantwortet: »Kann man sich das so zu Herzen nehmen, das ist ja nicht mehr wert, als dass man drauf pfeift.« Gesagt, getan; sie pfeift, und siehe da, die Vokalisation verschwin-det; denn der merkwürdige Punkt war ein Körnchen Schnupftabak. Froh eilte der Gelehrte zu Tisch, froh, dass die Vokalisation verschwunden war, und froher noch über seine Frau.

(Entweder – Oder)

Sieh, deshalb hasse ich all das abscheuliche Gerede von der Emanzipation der Frau. Gott verhüte, dass es je dazu kommt. Ich kann Dir nicht sagen, mit welchem Schmerz dieser Gedanke meine Seele durchdringen kann, aber auch nicht, welch leidenschaftliche Erbitterung, welchen Hass ich nähre gegen einen jeden, welcher dergleichen zu äußern wagt. Es ist mein Trost, dass die, welche solche Weisheit vortragen, nicht klug sind wie die Schlangen, sondern zumeist Dummköpfe, deren Gewäsch keinen Schaden anrichten kann. Ja, wenn die Schlange dem Weibe dies weismachen, sie mit der scheinbar lustigen Frucht verlocken könnte, wenn diese Seuche sich ausbreitete, wenn sie auch zu ihr durchdränge, die ich liebe, meinem Weibe, meiner Freude, meiner Zuflucht, der Wurzel meines Lebens, ja, dann wäre mein Mut geknickt, dann wäre die Leidenschaft der Freiheit in meiner Seele ermattet; dann weiß ich wohl, was ich tun würde, ich würde mich auf den Markt setzen und weinen, weinen wie jener Künstler, dessen Werk vernichtet worden ist und der sich auch selbst nicht mehr daran erinnern konnte, was es vorgestellt hatte.

(Entweder – Oder)

Ich verrichte meine Arbeit als Gerichtsrat, ich habe Freude an meinem Beruf, ich glaube, dass er meinen Fähigkeiten und meiner ganzen Persönlichkeit entspricht, ich weiß, dass er meine Kräfte beansprucht. Ich suche mich immer mehr für ihn auszubilden, und indem ich dies tue, fühle ich zugleich, dass ich mich selbst immer mehr entwickle. Ich liebe mein Weib, bin glücklich in meinem Heim; ich höre das Wiegenlied meiner Frau, und es dünkt mich schöner als jeder andere Gesang, ohne dass ich deshalb meinte, sie sei eine Sängerin; ich höre das Geschrei des Kleinen, und für mein Ohr ist es nicht unharmonisch; ich sehe seinen älteren Bruder wachsen und gedeihen, ich blicke froh und zuversichtlich in seine Zukunft, nicht ungeduldig, denn ich habe gute Zeit zu warten, und dieses Warten ist mir schon an sich eine Freude. Meine Arbeit hat für mich selbst Bedeutung, und ich glaube, dass sie es bis zu einem gewissen Grade auch für andere hat, wenn ich es auch nicht bestimmen und genau ermessen kann. Ich empfinde Freude darüber, dass das persönliche Leben anderer Bedeutung für mich hat, und wünsche und hoffe, dass das meine es auch für die haben möge, mit denen ich in meiner ganzen Lebensansicht sympathisiere. Ich liebe mein Vaterland, und ich kann mir nicht denken, dass ich mich in irgendeinem andern Land recht wohl fühlen würde. Ich liebe meine Muttersprache, die meinen Gedanken entbindet, ich finde, dass ich in ihr vortrefflich alles ausdrucken kann, was ich irgend in der Welt zu sagen habe. Solchermaßen hat mein Leben Bedeutung für mich, so viel, dass ich mich froh und zufrieden dabei fühle. Bei alledem lebe ich zugleich ein höheres Leben, und wenn es zuweilen geschieht, dass ich dieses höhere Leben mit dem Atemzug meines irdischen und häuslichen Lebens einatme, so preise ich mich selig, so verschmelzen für mich Kunst und Gnade. So liebe ich das Dasein, weil es schön ist, und hoffe auf ein noch schöneres.

(Entweder – Oder)

Hier und jetzt

Indes wäre es nicht möglich, ganz kurz anzugeben, in welchem Sinne die Freude der Gegenstand dieses Unterrichts durch Lilie und Vogel ist, oder welches der Inhalt dieses ihres Unterrichts in Freude ist, das heißt denn, wäre es nicht möglich, ganz kurz die bestimmten Gedanken dieses ihres Unterrichts anzugeben? Ei freilich, das kann man leicht; denn wie einfältig Lilie und Vogel auch seien, gedankenlos sind sie gewiss nicht. Mithin, man kann es leicht; und lass uns nicht vergessen, eine außerordentliche Abkürzung in dieser Hinsicht ist es bereits, dass die Lilie und der Vogel selber das sind, darin sie unterrichten, selber dasjenige ausdrücken, darin sie als Lehrer unterrichten. Dies ist – im Unterschied von der unmittelbaren und ersten Ursprünglichkeit, dass die Lilie und der

Vogel das, darin sie unterrichten, in strengstem Sinne aus erster Hand haben – die erworbene Ursprünglichkeit. Und diese, die erworbene, Ursprünglichkeit in der Lilie und dem Vogel, sie ist doch wiederum Einfalt; denn ob ein Unterricht einfältig ist, hängt nicht so sehr davon ab, ob schlichte, alltägliche Ausdrücke oder hochtrabende und gelehrte verwendet werden; nein, das Einfältige besteht darin, dass der Lehrer dasjenige, darin er unterrichtet, selbst ist. Und so verhält es sich bei Lilie und Vogel. Ihr Unterricht in Freude aber, das, was wiederum in ihrem Leben sich ausdrückt, ist ganz kurz Folgendes: es ist ein Heute, es *ist*, ja, es fällt ein unendlicher Nachdruck auf dies Wörtchen *ist*; es ist ein Heute, und es ist da keine, schlechterdings keine Sorge um den morgigen Tag, oder um den nächsten Morgen. Dies ist von der Lilie und dem Vogel nicht Leichtsinn, sondern des Stillseins und des Gehorsams Freude. Denn wenn du das Schweigen wahrst in der feierlichen Stille, die in der Natur ist, ist der morgige Tag nicht da; und wenn du gehorsam bist wie die Schöpfung gehorsam ist, so ist der morgige Tag nicht da, der unselige Tag, welcher die Erfindung der Schwatzhaftigkeit und des Ungehorsams ist. Ist aber dergestalt vermöge des Stillseins und des Gehorsams der morgige Tag gar nicht da, so ist denn im Stillsein und im Gehorsam der heutige Tag, ja er *ist* – und alsdann ist die Freude, so wie sie in der Lilie und dem Vogel ist.

Was ist Freude, was ist fröhlich sein? Es ist, dass man in Wahrheit sich selbst gegenwärtig ist; aber dass man sich selbst in Wahrheit gegenwärtig ist, es ist dies »Heute«, dies, dass man heute *ist*, dass man in Wahrheit *heute ist*. Und in eben dem Maße, in dem es wahrer wird, dass du heute bist, in eben dem Maße, in dem du im heute Sein dir selbst immer mehr ganz gegenwärtig bist, in eben diesem Maß ist des Unheils Tag, der morgige Tag, für dich nicht da. Die Freude ist die Zeit, die eben jetzt ist, wobei der ganze Nachdruck auf *der gegenwärtigen Zeit* liegt. Deshalb ist Gott selig, er der ewig spricht: heute, er der ewig und unendlich sich gegenwärtig ist, indem er heute ist. Und deshalb sind die Lilie und der Vogel die Freude, weil sie durch Stillsein und unbedingten Gehorsam ganz sich selbst gegenwärtig sind, indem sie heute sind.

»Aber«, sprichst du, »die Lilie und der Vogel, die können das gut und gern.« Antwort: *Du* darfst mir mit keinem Aber kommen – nein, lerne du es nur von der Lilie und dem Vogel, dir selbst derart ganz gegenwärtig zu werden im heute Sein, so bist auch du die Freude. Aber, wie gesagt, kein Aber; denn es ist Ernst damit, du *sollst* von der Lilie und dem Vogel Freude lernen. Noch weniger darfst du dir selbst wichtig werden, so dass du – weil nun die Lilie und der Vogel einfältig sind, vielleicht um zu fühlen, dass du Mensch bist – witzig wirst und in Beziehung auf einen einzelnen morgigen Tag sprichst: »die Lilie und der Vogel können gut und gern, sie, die noch nicht einmal mit dem morgigen Tag sich zu plagen haben, anders als der Mensch, welcher ja nicht bloß wegen des morgigen Tages Sorge hat, was er essen wird, sondern auch wegen des gestrigen Tages, was er gegessen hat – und nicht bezahlt!« Nein, keine Witze, die unartig den Unterricht stören. Lerne vielmehr von der Lilie und dem Vogel, oder fange wenigstens an, von ihnen zu lernen. Denn niemand dürfte wohl ernstlich der Meinung sein, dass an dem, darüber sich Vogel und Lilie freuen, und an dem, was diesem ähnlich ist, überhaupt nichts sei, darüber man sich freuen kann! Mithin, dass du ins Dasein getreten bist, dass du da bist, dass du »heute« das zum Dasein Nötige empfängst; dass du ins Dasein getreten bist, dass du Mensch geworden bist; dass du sehen kannst, bedenk es, dass du sehen kannst, dass du hören kannst, dass du riechen kannst, dass du schmecken kannst, dass du fühlen kannst; dass die Sonne scheint für dich – und deinetwegen, dass, wenn sie müde wird, dann der Mond aufgeht, und dass dann die Sterne angezündet werden; dass es Winter wird, dass die ganze Natur sich verkleidet, fremd tut – und das zu deiner Unterhaltung; dass es Frühling wird, dass die Vögel kommen zu ungezählten Scharen – und dir zur Freude, dass das junge Grün aufsprießt, dass der Wald schön ausschlägt und Hochzeit hält – und das, um dich zu erfreuen; dass es Herbst wird, dass die Vögel von dannen ziehen, nicht, um sich kostbar zu machen, o nein, sondern damit du ihrer nicht leid wirst, dass der Wald seinen Schmuck in die Truhe tut bis aufs nächste Mal, will heißen, damit du das nächste Mal dich freuen mögest: dies alles sollte nichts sein, daran man sich freuen kann? O, wenn ich schelten dürfte, jedoch aus Ehrerbietung für die Lilie und den Vogel darf ich das nicht, und darum will ich statt deines Satzes, dass an alledem nichts ist, daran sich zu freuen, vielmehr sagen: wenn dies nichts ist, daran man sich freuen kann, so gibt es überhaupt nichts, daran man sich freuen kann. Bedenke, dass die Lilie und der Vogel die Freude sind, und gleichwohl haben sie, auch wenn man es so nimmt, weit weniger, daran sich zu freuen, denn du, ja du, der du zugleich doch die Lilie und den Vogel hast, dich daran zu freuen. Darum lerne von der Lilie und lerne vom Vogel, welcher der Lehrmeister ist: sei da, *sei heute*, und *sei* die Freude. Kannst du dich nicht fröhlich sehen an der Lilie und dem Vogel, die ja die Freude selbst sind, kannst du dich nicht an ihnen fröhlich sehen, so dass du bereit bist, von ihnen zu lernen, so steht es mit dir wie mit dem Kinde, von welchem der Lehrer sagt: »Es ist nicht Mangel an Fähigkeit, überdies ist die Sache so leicht, dass von Mangel an Fähigkeit nicht die Rede sein kann; es muss an etwas anderem liegen, vielleicht ist es doch nur Unaufgelegtheit, die man nicht gleich allzu streng nehmen und als Abgeneigtheit oder wohl gar als Widerspenstigkeit behandeln darf.«

So also sind die Lilie und der Vogel Lehrmeister der Freude. Und doch haben die Lilie und der Vogel auch Kummer, gleich wie die ganze Natur Kummer hat; seufzt nicht alle Kreatur unter der Eitelkeit, der sie unterworfen ist wider ihren Willen? Alles ist der Eitelkeit unterworfen! Wie fest der Stern am Himmel auch stehe, und stünde er auch am sichersten von allen, er muss gleichwohl seinen Ort verändern im Fall, und selbst der, welcher nie seinen Ort geändert, wird doch einmal seine Stellung ändern, indem er niederstürzt in den Abgrund; und diese ganze Welt samt allem, was in ihr ist, wird verwandelt werden wie ein Kleid, wenn man es ablegt, als eine Beute der Vergänglichkeit! Und die Lilie muss, auch wenn sie dem Schicksal, alsbald in den Ofen geworfen zu werden, entgeht, dennoch dahinwelken, nachdem sie zuvor dies und das erlitten. Und der Vogel muss, auch wenn ihm erlaubt wird, an Altersschwäche zu sterben, eben doch einmal sterben, muss Abschied nehmen von dem Geliebten, nachdem er zuvor dies und das erlitten. O, dies ist alles Eitelkeit und Vergänglichkeit, und wird einmal samt und sonders werden, was es ist, der Vergänglichkeit Beute.

(*Die Lilie auf dem Felde und der Vogel unter dem Himmel*)

III
Lebensformen des Lachens

Die Auffassung, die *ein Diplomat* von der Welt hat, ist
in vieler Beziehung ironisch, und die bekannte Äußerung *Talleyrands**, der Mensch habe die Sprache nicht
um seine Gedanken kund zu tun, sondern um sie zu
verbergen, enthält eine tiefe Ironie über die Welt, und
passt vom Gesichtspunkt der Staatsklugheit aus ganz
und gar zu einem andern echt diplomatischen Satze:
mundus vult decipi, decipiatur ergo**. Daraus folgt jedoch noch keineswegs, dass die diplomatische Welt
etwa das Dasein ironisch betrachte, sie hat vielmehr
vieles, das sie mit Ernst geltend zu machen wünscht.
– Der Unterschied zwischen allen diesen hier angedeuteten *Äußerungen von Ironie* ist darum bloß quan-
titativ, betrifft ein Mehr oder Minder; dahingegen
unterscheidet die Ironie sensu eminentiori*** sich qualitativ von der hier beschriebenen Ironie, ebenso wie
der spekulative Zweifel sich von dem vulgären und
empirischen qualitativ unterscheidet. Die Ironie sensu eminentiori richtet sich nicht wider das eine oder
andere einzelne Daseiende, sie richtet sich wider die

---

* Charles-Maurice de Talleyrand (1754–1838), frz. Bischof und
  Staatsmann.
** Die Welt will betrogen sein, so sei sie denn betrogen.
*** in strengerem Sinne.

ganze zu einer gewissen Zeit und unter gewissen Verhältnissen gegebene Wirklichkeit. Sie trägt daher in sich eine Apriorität*, und sie gelangt zu ihrer Gesamtansicht nicht dadurch, dass sie allmählich ein Stück der Wirklichkeit nach dem andern vernichtet, sondern kraft ihrer Gesamtansicht richtet sie Zerstörungen an im einzelnen. Nicht diese oder jene Einzelerscheinung, sondern das Ganze des Daseins wird von ihr sub specie ironiae** betrachtet. Insofern sieht man, dass Hegel die Ironie mit Recht als »die *unendliche absolute Negativität*« bezeichnet.

(*Über den Begriff der Ironie*)

Insofern endlich die Ironie vermöge des Bewusstseins, dass die Erscheinung keine Wirklichkeit hat, den gleichen Satz ausspricht wie das fromme Gemüt, könnte es so scheinen, als ob die Ironie eine Art von *Andacht* wäre. Auch in der Andacht verliert, wenn ich so sagen darf, die niedere Wirklichkeit – will heißen die Weltbeziehungen – ihre Gültigkeit; dies aber geschieht doch nur, sofern die *Gottesbeziehungen* im gleichen Augenblick ihre unbedingte Wirklichkeit geltend machen. Der andächtige Sinn sagt gleichfalls, dass alles

---

* a priori: vorgängig gegenüber Erfahrung.
** vom Standpunkt der Ironie aus (in Anspielung auf den spinozistischen Ausdruck ›sub specie aeternitatis‹, ›vom Standpunkt der Ewigkeit aus‹).

95

Eitelkeit ist; dies aber geschieht doch nur insoweit, als durch dies Nein hindurch alles, was aufhält und stört, beiseite geschafft wird, und das, was ewig besteht, sichtbar wird. Hinzu kommt, dass der andächtige Sinn, wenn er sagt, dass alles Eitelkeit ist, mit der eignen Person keine Ausnahme macht, von ihr nicht Aufhebens macht, vielmehr, auch sie muss beiseite, auf dass das Göttliche nicht von ihrem Widerstehen zurückgestoßen werde, sondern sich in den andächtig sich auftuenden Sinn ergieße. Ja, in den tiefer gehenden Erbauungsschriften gewahren wir, dass der fromme Sinn gerade die eigene endliche Persönlichkeit für das Elendigste von allem hält. Dahingegen wird in der Ironie, indem alles zu Eitelkeit gemacht wird, die Subjektivität frei. Je mehr alles eitel wird, um so leichter, um so inhaltsleerer, um so flüchtiger wird die Subjektivität. Und während alles zu Eitelkeit wird, wird das ironische Subjekt *in seinen eigenen Augen* nicht eitel, sondern rettet seine eigene Eitelkeit heraus. Für die Ironie wird alles ein Nichts; das Wort Nichts aber kann in mehrfachem Sinne genommen werden. Das spekulative Nichts ist das in jedem Augenblick vor der Konkretion Verschwindende, da es selber des Konkreten Trieb, des Konkreten nisus formativus* ist; das mystische Nichts ist ein Nichts für die Vorstellung, ein Nichts, welches doch ebenso inhaltsreich ist, als das

---

* Bildungstrieb.

Schweigen der Nacht Stimme hat für den, der Ohren hat zu hören; das ironische Nichts endlich ist die Totenstille, in welcher die Ironie als Wiedergängerin Spuk macht (man nehme den letzten Ausdruck durchaus doppeldeutig).

(*Über den Begriff der Ironie*)

Man muss sich nun daran erinnern, dass *Tieck* und die ganze *romantische Schule* zu einer Zeit ins Verhältnis traten oder doch zu treten meinten, in welcher die Menschen gleichsam ganz und gar *zu Stein erstarrt* waren *in den endlichen sozialen Verhältnissen*. Alles war vollbracht und vollendet in einem göttlichen chinesischen Optimismus, welcher kein vernünftiges Sehnen unbefriedigt ließ, keinen vernünftigen Wunsch unerfüllt. Der Sitte und Gewohnheit herrliche Grundsätze und Maximen waren Gegenstand einer frommen Gottesverehrung; alles war unbedingt das Unbedingte selber; man enthielt sich der Polygamie, man ging mit spitzköpfigen Hüten. Alles hatte seine Wichtigkeit. Jedermann fühlte nach Maßgabe seiner Stellung mit abgetönter Würde, wie viel er ausrichtete, welch große Bedeutung sein unermüdliches Streben hatte für ihn selbst wie für die Gesamtheit. Man lebte nicht, wie Schwärmer tun, leichtsinnig ohne Achtung für Stunde und Glockenschlag, solche Gottlosigkeit suchte vergeblich sich einzuschleichen. Alles ging seinen geruhsamen, seinen abgezirkelten Gang, selbst der, welcher auf Freiersfüßen ging; denn er wusste ja: er ging in gesetzlicher Sache und tat einen höchst ernsthaften Schritt. Alles geschah auf den Glockenschlag. Man durchschwärmte die Natur am Johannistag, man war zerknirscht am großen Buß- und Bettag, man verliebte sich, wenn man das zwanzigste Jahr erreicht hatte, man ging Schlag zehn Uhr zu Bett. Man verheiratete sich, man lebte für sein Hauswesen und seine Stellung im Staat; man bekam Kinder, bekam Familiensorgen, man stand in voller Manneskraft, wurde höheren Orts bemerkt in seiner segensreichen Tätigkeit, stand in freundschaftlichem Umgang mit dem Pfarrer, unter dessen Augen man episch die vielen schönen Züge zu einem rühmlichen Nachruf vollbrachte, den dieser, des war man gewiss, dereinst gerührten Herzens vergebens versuchen würde herauszustammeln; man war Freund in des Wortes wahrer und aufrichtiger Bedeutung, ein wirklicher Freund, so wie man Wirklicher Kabinettsrat war. Man verstand sich auf die Welt, man erzog seine Kinder zu dem Gleichen, man war einen Abend in der Woche begeistert von des Dichters Lobgesang über des Daseins Schönheit, man war wiederum alles für die Seinen, jahraus, jahrein mit einer Sicherheit und Pünktlichkeit, die stets die Minute einhielt. Die Welt fing an, kindisch zu werden, *sie bedurfte* der Verjüngung. Insofern war die Romantik wohltuend. Es weht da durch die Romantik ein kühlender Hauch, ein erfrischender Morgenwind von des Mittelalters Urwäldern her oder von dem reinen Äther Griechenlands; den Spießbürgern läuft es kalt den Rücken hinunter, jedoch es ist nötig, damit die tierische Ausdünstung weiche, in der man bisher geatmet. Die hundert Jahre sind um, das verzauberte Schloss hebt sich aus der Erde, seine Bewohner werden wieder wach, vom Walde kommt ein leichter Hauch, die Vögel singen, die schöne Prinzess lockt wiederum die Freier an; der Wald hallt wider von des Jagdhorns Ruf und der Hunde Gebell, es duften die Auen, Lieder und Gesänge reißen sich los aus dem Schoße der Natur und flattern ringsum, und niemand weiß, von wannen sie kommen und wohin sie fahren. Die Welt wird jung, indes, wie *Heine* recht witzig bemerkt hat, sie ist durch die Romantik dermaßen verjüngt worden, dass sie *wieder zum Wickelkinde* ward. Das ist mit der Romantik das Unglück, sie greift nicht die Wirklichkeit. Die Poesie erwacht, die großen Sehnsüchte, die heimlichen Ahnungen, die begeisternden Empfindungen erwachen, die Natur erwacht, die verzauberte Prinzess erwacht – der *Romantiker* fällt in Schlummer. In *Träumen* erlebt er das alles, und während zuvor um ihn alles geschlafen, ist nun alles wach, er aber schläft. Doch Träume machen nicht satt. Müde und matt wacht er auf, ungestärkt, um wieder sich schlafen zu legen, und bald muss er die schlafwandlerischen Zustände künstlich erzeugen. Indes, je mehr Kunst dazu nötig wird, um so überspannter wird auch das Ideal, welches der Romantiker heraufbeschwört.

(*Über den Begriff der Ironie*)

Besser gut gehängt als schlecht verheiratet

Selten ist wohl ein literarisches Unternehmen so nach Wunsch vom Schicksal begünstigt worden wie meine *Philosophischen Brocken**. Zweifelmütig und sparsam mit der Äußerung einer jeden eigenen Meinung über sie und Selbstkritik, darf ich doch unzweifelhaft eins wahrheitsgemäß vom Geschick dieser kleinen Pièce sagen: Sie hat keine Sensation hervorgerufen, ganz und gar keine. Ungestört ist der laut Motto (»besser gut gehängt als schlecht verheiratet«) gehängte, ja sogar gut gehängte Verfasser hängen geblieben; keiner hat ihn, nicht einmal im Scherz wie beim Spielen, gefragt, für wen er da eigentlich hänge. Aber so war es erwünscht: Besser gut gehängt – als durch eine unglückliche Heirat mit aller Welt in systematische Schwagerschaft gebracht. Im Vertrauen

---

* Titel eines Werkes von Kierkegaard bzw. dessen Pseudonym Johannes Climacus, das hier zu seiner imposanten *Abschließenden unwissenschaftlichen Nachschrift zu den Philosophischen Brocken* anhebt.

auf die Beschaffenheit der Pièce hoffte ich, dass es so gehen würde, befürchtete aber doch – in Anbetracht der bewegten, sich in solcher Gärung befindenden Zeit, in Anbetracht des unablässigen Weissagens der Propheten und Seher und Spekulanten –, dass aus Versehen mein Wunsch durchkreuzt würde. Ein wie unbedeutender Reisender man auch sei, es ist immer misslich, zu einem Zeitpunkt in einer Stadt anzukommen, wo alle in gespanntester, jedoch verschiedenartigster Erwartung – die einen mit aufgefahrenen Kanonen und angebrannten Lunten, mit bereitgehaltenem Feuerwerk und Transparenten; andere mit dem Rathaus im Festschmuck, die Deputation gestiefelt und gespornt, die Reden fertig; wieder andere mit der in systematischem Drang eingetauchten Feder und mit aufgeschlagenem Diktatheft – der Inkognito-Ankunft des Verheißenen entgegensehen: denn ein Irrtum ist immer möglich. Literarische Irrtümer der Art gehören zur Tagesordnung.

Gepriesen sei darum das Schicksal, dass dies nicht geschah. Ohne alles Aufheben, ohne Blut-, ohne Tintenvergießen ist die Pièce unbeachtet geblieben, ist nirgends besprochen, nirgends erwähnt worden; kein literarisches Geläut ihrethalben hat die Gärung der Zeit verstärkt; kein wissenschaftliches Lärmschlagen hat die Schar der Erwartungsvollen irregeführt; kein Ruf des äußersten Postens hat den Bürgerstand der lesenden Welt ihretwegen auf die Beine gebracht. Wie das Unternehmen selbst frei von aller Hexerei war, so hat das Schicksal es auch allen blinden Alarms überhoben. Der Verfasser ist dadurch zugleich in der glücklichen Lage, qua Verfasser niemand etwas schuldig zu sein, womit ich Rezensenten, Buchbeurteiler, Mittelspersonen, Taxationsräte usw. meine, die in der literarischen Welt dasselbe sind wie die Schneider in der bürgerlichen, diejenigen nämlich, die die »Leute machen«: sie geben dem Verfasser Façon, und dem Leser den rechten Standort, überhaupt durch ihre Hilfe und Kunst wird das Buch erst zu etwas. Aber dann geht es mit diesen Wohltätern auch wieder, wie es einem nach Baggesens* Worten mit den Schneidern geht: »sie bringen wiederum die Leute um – mit den Rechnungen für ihre Schöpfungen«. Man verdankt ihnen schließlich alles, ohne durch ein neues Buch diese Schuld einmal abzahlen zu können; denn die Bedeutung des neuen Buches, falls es eine bekommt, verdankt man wiederum der Kunst und Hilfe dieser Wohltäter.

Von jener Gunst des Schicksals ermutigt, gedenke ich also nun fortzufahren. Ohne von etwas belästigt zu werden, und ohne ein eilfertiges Verhältnis zur Forderung der Zeit, ganz meinem inneren Antriebe folgend, knete ich gleichsam fortwährend die Gedanken, bis der Teig nach meinen Begriffen gut geworden ist.

---

* Jens Immanuel Baggesen (1764–1826), dän. Schriftsteller.

Aristoteles sagte an einer Stelle, dass man jetzt für eine Erzählung die lächerliche Regel aufstelle, dass sie schnell verlaufen solle, und fährt dann fort: »hier passt die Antwort, die einem, der Teig knetete, gegeben wurde, als er fragte, ob er den Teig hart oder weich machen solle: Nun, ist es nicht möglich, ihn gut zu machen?« Das einzige, was ich fürchte, ist Sensation, besonders wenn sie anerkennend ist. Obgleich die Zeit freisinnig, liberal und spekulativ ist, obgleich die heiligen Forderungen der persönlichen Rechte von manch einem liebwerten, mit Akklamation begrüßten Wortführer verfochten werden: so scheint man mir doch die Sache nicht dialektisch genug aufzufassen. Sonst würde man kaum die Anstrengungen der Auserwählten mit lärmendem Jubel, mit dem neunfachen Hurra um Mitternacht, mit Fackelzügen und anderen störenden Eingriffen in die persönlichen Rechte belohnen. Jeder soll, so scheint es recht und billig, in den zulässigen Dingen die Erlaubnis haben zu tun, was ihn gelüstet. Der Eingriff wird erst voll und ganz zu einem Eingriff, wenn das, was der eine tut, den anderen verpflichten will, auch etwas zu tun. Jede Missfallensäußerung ist daher zulässig, weil sie nicht verpflichtend in das Leben eines anderen eingreift. Bringt z. B. ein Volkshaufen einem Manne ein Pereat*, so ist das gar kein Eingriff in seine Freiheit; er wird nicht aufge-

---

* Nieder mit ihm!

»Es gibt Augenblicke, da sich einem die Gedanken verwirren und man glaubt, dass Nikolaus Kopernikus ein Narr gewesen sei, als er behauptete, die Erde drehe sich um die Sonne; vielmehr drehen sich der Himmel, die Sonne, die Planeten, die Erde, Europa und Kopenhagen um Søren Kierkegaard, der stumm in der Mitte steht und nicht einmal den Hut abnimmt für die erwiesene Ehre.«

(Peder Ludvig Møller)

Karikatur von Peter Klæstrup, in: *Der Corsar*, Nr. 285,
6. März 1846

fordert, etwas zu tun; nichts wird von ihm verlangt, er kann ungestört in seiner Stube sitzen bleiben, seine Zigarre rauchen, mit seinen eigenen Gedanken beschäftigt sein, mit der Allerliebsten scherzen, es sich im Schlafrock bequem machen, nach Herzenslust und sanft und sicher schlafen – ja er kann sogar ausgegangen sein; denn seine persönliche Anwesenheit ist dabei ganz und gar nicht vonnöten. Nicht so indessen bei einem Fackelzug! Ist der Gefeierte nicht zu Hause, muss er sofort heimkommen; hat er sich eben eine wohlschmeckende Zigarre angesteckt, muss er sie gleich weglegen; ist er schon zu Bett gegangen, muss er sofort aufstehen, kaum hat er Zeit, sich die Hosen anzuziehen, worauf er barhäuptig hinaus muss, um unter freiem Himmel eine Rede zu halten. Und was nun für die hervorragenden Persönlichkeiten bei solchen Äußerungen der Volksmenge gilt, das gilt in den bescheideneren Verhältnissen von uns kleinen Leuten in derselben Weise. Ein literarischer Angriff z. B. ist kein Eingriff in die persönliche Freiheit eines Schriftstellers; denn weshalb soll es nicht einem jeden erlaubt sein, seine Meinung zu äußern; der Angegriffene kann ja trotzdem ungestört seine Arbeit versehen, seine Pfeife stopfen, den Angriff ungelesen liegen lassen usw. Eine Anerkennung dagegen ist misslicher. Eine Kritik, die einen aus der Literatur hinausweist, ist kein Eingriff; aber eine Kritik, die einem einen Platz darin anweist, ist bedenklich. Ein Vorübergehender, der über einen lacht, verpflichtet einen gar nicht dazu, etwas zu tun, er bleibt einem im Gegenteil eher etwas schuldig: dass man ihm Gelegenheit gegeben hat zu lachen. Jeder geht seinen Geschäften nach, ohne sich gegenseitig zu stören oder zu verpflichten. Ein Vorübergehender, der einen trotzig ansieht und durch den Blick zu verstehen gibt, dass er einen nicht für wert hält, dass er den Hut vor einem abnehme, verpflichtet einen ganz und gar nicht dazu, etwas zu tun, er verschont einen im Gegenteil davor, etwas zu tun; denn er enthebt einen der Mühe, den Hut abzunehmen. Einen Bewunderer dagegen wird man nicht so leicht los. Seine liebenswürdigen Verbindlichkeiten werden leicht zu ebenso vielen Auflagen für den armen Bewunderten, der, ehe er etwas davon weiß, lebenslang tief in schweren Steuern und Abgaben steckt, selbst wenn er sonst der Unabhängigste von allen wäre. Entlehnt ein Schriftsteller eine Idee von einem anderen Schriftsteller, ohne ihn zu nennen, und macht aus dem Entlehnten etwas Verkehrtes, so begeht er keinen Eingriff in die persönlichen Rechte des anderen. Nennt er ihn dagegen, womöglich sogar mit dem Ausdruck der Bewunderung, als den, dem er – das Verkehrte – verdanke: dann ist er in hohem Grade lästig. Dialektisch verstanden ist daher das Negative kein Eingriff, wohl aber und nur das Positive. Wie sonderbar! So wie es jener freiheitsliebenden Nation, den Nordamerikanern, vorbehalten blieb, die grausamste aller Strafen, das Schweigen, zu erfinden: ebenso hat auch eine liberale und freisinnige Zeit die illiberalsten Schikanen erfunden: den Fackelzug am Abend, Akklamationen dreimal am Tage, das neunfache Hurra für die Großen, und für die kleinen Leute ähnliche, kleinere Schikanen. Das Prinzip der Sozialität ist eben gerade illiberal.

Was nun hier geboten wird, ist wieder eine Pièce proprio marte, proprio stipendio, propriis auspiciis*. Ihr Verfasser ist insofern Proprietär, d. h. ihr Eigner oder Eigentümer, als er Selbsteigner des wenigen ist, das er besitzt; im übrigen aber ist er ebenso weit davon entfernt, Fronbauern zu haben wie selbst einer zu sein. Er hofft, dass das Schicksal dieses kleine Unternehmen wiederum begünstigen und vor allem der Art Tragikomik wehren werde, die entstehen müsste, wenn dieser oder jener Seher wirklich im Ernst oder ein rechter Schelm im Scherz hinginge und seinen Zeitgenossen einbildete, dass das hier etwas sei, und dann fortliefe und den Verfasser wie den »verpfändeten Bauernjungen«** in der Klemme sitzen ließe.

(Abschließende unwissenschaftliche Nachschrift)

---

* aus eigener Kraft, auf eigene Kosten, auf eigenen Befehl.
** Titel einer Komödie von Ludvig Holberg (1684–1754).

Wenn Sokrates so irgendwo sagt, es sei doch merkwürdig, dass der Schiffer, der einen von Griechenland
nach Italien übergesetzt habe, wenn er angekommen
sei, ruhig am Strande hin und her gehe und seine Be-
zahlung annehme, als ob er etwas Gutes getan habe,
während er doch nicht wissen könne, ob er den Pas-
sagieren genützt habe oder ob es diesen nicht besser
gewesen wäre, sie hätten ihr Leben auf dem Meere
eingebüßt: so redet er eigentlich wie ein Wahnsinni-
ger.¹ Vielleicht hat wirklich einer der Anwesenden
ihn für verrückt angesehen (denn Plato und Alkibia-
des zufolge soll es eine recht allgemein verbreitete
Ansicht gewesen sein, ihn mindestens für wunderlich, ἄτοπος*, zu halten); vielleicht hat ein anderer
gedacht, das sei doch eine schnurrige Wendung, so zu
reden, vielleicht. Sokrates dagegen hat vielleicht zu
derselben Zeit ein kleines Rendezvous mit seiner
Idee, der Unwissenheit, gehabt. Wenn er die Unendlichkeit in der Form der Unwissenheit aufgefasst hat,
dann muss er sie ja überall bei sich haben. So etwas
schafft einem Privatdozenten keine Ungelegenheit,

---

1 Wenn ein jetzt Lebender so spräche, würde wohl auch jeder ein-
   sehen, dass er verrückt sei; aber die Positiven wissen, sie wissen
   es mit positiver Bestimmtheit, dass Sokrates ein Weiser war; das
   soll ganz gewiss sein: ergo.
* sonderbar (wörtlich: ortlos).

er macht das einmal im Jahr mit Pathos im § 14 ab, und daran tut er gut, dass er es nicht anders macht, vorausgesetzt nämlich, er habe Frau und Kinder und die Aussicht auf eine gute Stellung – aber keinen Verstand zu verlieren. [...]

Lukian lässt in der Unterwelt Charon* folgende Geschichte erzählen: Ein Mann stand da in der Oberwelt und sprach mit einem seiner Freunde, den er zu sich zum Essen einlud und dem er ein seltenes Gericht versprach. Der Freund dankte für die Einladung. Da sagte der Mann: Aber lass es nun ja auch bestimmt sein, dass du kommst. Bestimmt, antwortete der Eingeladene. Dann trennten sie sich, und ein Dachziegel fiel herab und schlug den Eingeladenen tot – ist das nicht zum Totlachen, fügt Charon hinzu. Gesetzt, der Eingeladene wäre ein Redner gewesen, der vielleicht einen Augenblick zuvor sich selbst und andere gerührt hätte, indem er davon redete, dass alles ungewiss sei! Denn so reden die Menschen: in dem einen Augenblick wissen sie alles, und in demselben Augenblick wissen sie es nicht. Und deshalb hält man es für Torheit und Wunderlichkeit, sich darum und um die Schwierigkeiten zu kümmern, weil ja jeder das weiß. Was nämlich nicht jeder weiß, was ein Differenz-Wissen ist, darum sich zu beküm-

---

* In der gr. Myth. Fährmann, der die Seelen der Toten über den Fluss der Unterwelt ins Totenreich übersetzt.

mern, das ist herrlich; aber was jeder weiß, wo also der Unterschied in der Narrheit besteht, wie er es weiß, darum sich zu bekümmern ist unnütze Mühe – man kann sich auch gar nicht wichtig damit tun. Gesetzt, der Eingeladene hätte vom Grunde der Ungewissheit aus geantwortet, was dann? Dann wäre seine Rede der eines Wahnsinnigen nicht unähnlich gewesen, wenn das auch wohl nicht von vielen bemerkt worden wäre; denn es kann ja so trüglich gesagt werden, dass nur der, der selbst mit solchen Gedanken vertraut ist, es entdeckt. Ein solcher sieht es dann auch nicht als Wahnsinn an, was es auch nicht ist; denn während die Aussage sich im Scherz vielleicht in schnurriger Weise in die übrige Rede hineinschlingt, hat der Redende vielleicht ganz privatissime ein Rendezvous mit dem Gotte, der gerade dann zur Stelle ist, sobald die Ungewissheit aller Dinge unendlich gedacht ist. Deshalb kann der, der wirklich für den Gott ein Auge hat, ihn überall sehen, während der, der ihn nur bei außerordentlichen Gelegenheiten sieht, ihn eigentlich überhaupt nicht sieht, sondern abergläubisch betrogen ist, indem er ein Phantom sieht.

Dass der subjektive existierende Denker ebenso positiv wie negativ ist, kann man auch so ausdrücken, dass er ebensoviel Komik wie Pathos hat. So wie die Menschen im allgemeinen existieren, ist das Komische und das Pathetische so verteilt, dass der eine das eine und ein anderer das andere hat, der eine etwas mehr von dem einen, ein anderer etwas weniger davon. Aber für den in der Doppelreflexion Existierenden ist es so: Genau soviel Pathos, genau soviel Komik. Sie sichern sich gegenseitig. Das Pathos, das nicht durch Komik gesichert ist, ist eine Illusion; die Komik, die nicht durch Pathos gesichert ist, ist Unreife. Nur wer dies selbst produziert, versteht es, sonst versteht er es nicht. Es klingt ganz wie ein Scherz, was Sokrates von der Überfahrt über das Wasser sagte, und doch war es der höchste Ernst. Wenn es bloß Scherz sein sollte, würde vielleicht mancher mitmachen; wenn es bloß Ernst sein sollte, käme vielleicht mancher sich leicht Erhitzende in Gemütsbewegung; gesetzt aber, Sokrates meinte es gar nicht so. Es würde doch wie ein Scherz klingen, wenn ein Eingeladener beim Empfang der Einladung antwortete: Ich werde bestimmt kommen, du kannst es mir glauben; doch nehme ich den Fall aus, dass ein Dachziegel herabfällt und mich totschlägt, denn dann kann ich nicht kommen. Und doch kann das zugleich der höchste Ernst sein, und der so redet kann, indem er mit einem Menschen scherzt, vor dem Gott stehen. Gesetzt, da wäre ein junges Mädchen, das seinen Geliebten mit dem Schiff, von dem Sokrates spricht, erwartete; gesetzt, sie eilte zum Hafen, träfe Sokrates und fragte mit all ihrer verliebten Leidenschaft nach dem Geliebten; gesetzt, jener alte necksüchtige Sokrates sagte, statt ihr Antwort zu geben: Ja, der Schiffer geht freilich selbstzufrieden hin und her und steckt das Geld in die Tasche, des ungeachtet, dass er ja nicht mit Bestimmtheit wissen kann, ob es für die Passagiere nicht besser gewesen wäre, dass sie auf See umgekommen wären: was dann? Wenn es ein pfiffiges kleines Mädchen wäre, so würde sie verstehen, dass Sokrates im gewissen Sinne gesagt habe, dass ihr Geliebter angekommen sei; und wenn das sicher wäre: was dann? Dann würde sie über Sokrates lachen, denn so verwirrt wäre sie doch wohl nicht, dass sie nicht mit Bestimmtheit wüsste, wie herrlich es wäre, dass der Geliebte angekommen sei. Nun, das versteht sich, ein solches kleines Mädchen ist ja auch nur aufgelegt zu einem Rendezvous mit dem Geliebten in erotischer Umarmung auf dem sicheren Strand und nicht entwickelt genug zu einem sokratischen Rendezvous mit dem Gott in der Idee auf dem unendlichen Meer der Ungewissheit. Aber dann gesetzt, das pfiffige kleine Mädchen wäre schon konfirmiert gewesen, was dann? Dann hätte sie ja ganz dasselbe wie Sokrates gewusst – der Unterschied wäre bloß der, auf welche Art man es weiß. Und doch hat Sokrates vermutlich in diesem Unterschied sein ganzes Leben gehabt; noch in seinem 70. Lebensjahr war er nicht fertig damit, strebend immer innerlicher einzuüben, was ein Mädchen von 16 Jahren weiß. Denn er war nicht wie einer, der Hebräisch kann und daher zu dem jungen Mädchen sagen kann: Das kannst du nicht, und man braucht lange Zeit, um es zu lernen. Er war nicht wie einer, der in Marmor arbeiten kann, etwas, davon das junge Mädchen freilich verstünde, dass sie es nicht könne, das sie aber versteht zu bewundern; nein, er wusste nicht mehr als sie. Kein Wunder denn, dass er beim Sterben so gleichmütig war; der arme Bursche hatte vermutlich selbst eingesehen, dass sein Leben vergeudet war und dass es nun zu spät war, von vorn anzufangen, um zu lernen, was nur die Ausgezeichneten wissen. Kein Wunder denn, dass er kein Aufhebens von seinem Tode macht, als verlöre der Staat in ihm etwas Unersetzliches. Ach, er hat wohl etwa so gedacht: Ja, wäre ich noch wenigstens Professor des Hebräischen gewesen, wäre ich Bildhauer oder Solotänzer gewesen, ganz zu schweigen von einem welthistorisch beglückenden Genie, wie sollte dann der Staat meinen Verlust verwunden haben, und wie sollten seine Bürger zu wissen bekommen haben, was ich ihnen hätte sagen können! Aber nach mir wird da schon keine Nachfrage kommen, denn was ich weiß, das weiß jeder. Das war doch ein Spaßvogel, dieser Sokrates, so mit dem Hebräischen, der Bildhauerkunst, dem Ballett und der welthistorischen Beglückung zu spaßen! Und dann wieder sich so sehr um den Gott zu kümmern, dass er, obschon er sich ohne Unterlass sein ganzes Leben hindurch übte (ja, wie ein Solotänzer zur Ehre des Gottes), zweifelnd dem entgegensah, ob er in der Prüfung des Gottes würde bestehen können: Was hatte denn das auf sich?

(*Abschließende unwissenschaftliche Nachschrift*)

Humor

Ich erinnere mich an eine Replik in einer bestimmten Situation, die ich hier erzählen will. Es war in einer der transitorisch gebildeten, kleineren Gruppen innerhalb einer größeren Gesellschaft, es war eine junge Frau, die nicht ohne eine gewisse Kleidsamkeit durch eine unglückliche Begebenheit veranlasst, auf die die Rede kam, ihren Schmerz über das Leben äußerte, dass es von dem, was es verspricht, doch so wenig halte: »Nein, die glückliche Kindheit, oder richtiger das Glück des Kindes!« Sie schwieg, beugte sich zu einem Kinde hinab, das sich zärtlich an sie schmiegte, und streichelte dem Kleinen die Wange. Ein Redender, dessen Bewegtheit sichtlich mit der jungen Frau sympathisierte, fuhr fort: »Ja, und vor allem das Glück der Kindheit, Prügel zu bekommen«,[1] darauf wandte er sich ab und sprach mit der Frau des Hauses, die gerade vorbeiging.

---

1 Als die Replik fiel, lachte man darüber. Das war ein reines Missverständnis. Man sah die Replik für Ironie an, was sie gar nicht war. Würde die Replik Ironie gewesen sein, wäre der Redende ein

Gerade weil der Scherz des Humors im Widerrufen (ein beginnender Tiefsinn, der widerrufen wird) liegt, rekurriert er natürlich oft auf die Kindheit. Wenn ein Mann wie Kant, der auf der Höhe der Wissenschaft steht, gelegentlich der Beweise für das Dasein Gottes sagen würde: ja, ich weiß nichts weiter darüber, als dass mein Vater mir gesagt hat, dass es so sei: so ist das humoristisch und sagt wirklich mehr als ein ganzes Buch über die Beweise, wenn dies Buch das vergisst. Aber gerade weil im Humor immer ein verborgener Schmerz vorhanden ist, liegt auch eine Sympathie darin. In der Ironie liegt keine Sympathie, sie ist Selbstbehauptung, und ihre Sympathie ist da-

recht mittelmäßiger Ironiker gewesen; denn in der Replik war ein Mittönen von Schmerz vorhanden, was ironisch ganz und gar unkorrekt ist. Die Replik war humoristisch, und machte daher die Situation durch das Missverstehen ironisch. [...] Als die junge Frau sprach, war man ein wenig bewegt; von der Replik des Humoristen wurde man beinahe verletzt, obgleich man lachte, und doch sagte er etwas weit Tieferes. Von allem Verdruss des Lebens, vom Geisttötenden und von der unseligen Mühe, ja von der mürrischen Ernsthaftigkeit der Nahrungssorgen, ja selbst von dem täglichen Schmerz einer unglücklichen Ehe sich nach dem Glück der Kindheit zu sehnen, ist doch lange nicht so wehmütig als vom ewigen Erinnern der Schuld aus, und dieses Erinnern war es, worauf der Humorist schwermütig reflektierte; denn von der Totalität des Schuldbewusstseins aus sich nach einer eingebildeten Vorstellung von der reinen Unschuld des Kindes zu sehnen, ist eigentlich Albernheit, obgleich sie oft rührselig benutzt wird – von Oberflächlichen. Die Replik war keine unhöfliche Fopperei, sie war im Gegenteil sympathetisch. [...]

her ganz und gar indirekt sympathisierend nicht mit einem Menschen, sondern mit der Idee der Selbstbehauptung als der Möglichkeit jedes Menschen.

(Abschließende unwissenschaftliche Nachschrift)

Ich möchte mir erlauben, eine Begebenheit zu erzählen, die ohne jede zurechtstutzende Abänderung meinerseits direkt aus dem Tollhause stammt. Ein Patient einer solchen Anstalt will weglaufen und führt auch wirklich sein Vorhaben aus, indem er aus dem Fenster springt. Er befindet sich nun im Garten der Anstalt und will die Wanderung in die Freiheit antreten. Da fällt ihm ein (soll ich nun sagen, dass er so klug oder so verrückt war, diesen Einfall zu haben?): Wenn du nun in die Stadt kommst, wirst du erkannt, und man wird dich wahrscheinlich sofort wieder hinaustransportieren. Da kommt es nun darauf an, dass du jeden Menschen durch die objektive Wahrheit deiner Rede vollkommen davon überzeugst, dass was deinen Verstand angeht alles in Ordnung ist. Wie er so dahingeht und darüber nachdenkt, sieht er eine Kegelkugel auf der Erde liegen; die nimmt er auf und steckt sie in die Tasche seines Rockschoßes. Bei jedem Schritt, den er macht, schlägt ihm diese Kugel, mit Respekt zu sagen, an den H–, und jedes Mal, wenn sie ihn so trifft, sagt er Bum! Die Erde ist rund! Er kommt zur Hauptstadt und besucht sogleich einen seiner Freunde. Er will ihn überzeugen, dass er nicht verrückt ist; er geht daher im Zimmer auf und ab und sagt fortwährend: Bum, die Erde ist rund! Aber ist denn die Erde nicht rund? Fordert das Tollhaus noch ein Opfer um dieser Annahme willen, wie in jenen Zeiten, als alle annahmen, dass sie flach sei wie ein Eierkuchen? Oder ist der Mann verrückt, der dadurch, dass er eine allgemein angenommene und allgemein geachtete objektive Wahrheit ausspricht, zu beweisen hofft, dass er nicht verrückt ist? Und doch wurde es dem Arzt gerade dadurch klar, dass der Patient noch nicht geheilt war, wenn es sich auch für die Heilung nicht gerade darum handeln konnte, ihn zu der Meinung zu bringen, dass die Erde flach sei. Aber nun sind nicht alle Ärzte, und die Forderung der Zeit hat einen bedeutenden Einfluss auf die Frage nach der Verrücktheit; ja man wäre zuweilen beinahe versucht anzunehmen, dass die moderne Zeit, die das Christentum modernisiert hat, auch die Frage des Pilatus modernisiert hat, und dass das Bedürfnis der Zeit, etwas zu finden, in dem sie ruhen kann, sich in der Frage ankündigt: Was ist Verrücktheit? Wenn ein Privatdozent, sooft ihn sein Rockschoß daran erinnert, dass er etwas sagen muss, sagt: de omnibus dubitandum est*, und er frischweg an einem System

* Es ist geboten, an allem zu zweifeln (Descartes).

schreibt, wo man in einem Satz um den anderen genügend inneren Beweis dafür findet, dass der Mann nie an etwas gezweifelt hat: dann wird er nicht für verrückt angesehen.

(*Abschließende unwissenschaftliche Nachschrift*)

Grenzen der Erklärung

Wenn ich hier einen Wunsch äußern dürfte, dann wollte ich wünschen, dass kein Leser so tiefsinnig wäre zu fragen: Und wenn Adam nun nicht gesündigt hätte? Im gleichen Moment, da die Wirklichkeit gesetzt ist, geht die Möglichkeit nebenher als Nichts, das alle gedankenlosen Menschen in Versuchung führt. Warum kann sich die Wissenschaft bloß nicht dazu entschließen, die Menschen in Zucht und sich im Zaum zu halten! Wenn einer eine dumme Frage stellt, dann sieht man wohl zu, dass man nicht darauf antwortet. Sonst wäre man ja genauso dumm wie der Frager. Das Törichte dieser Frage liegt nicht so sehr in ihr selbst, sondern darin, dass man sich damit an die Wissenschaft wendet. Wenn man damit zu Hause bliebe wie die kluge Else mit ihren Projekten und gleichgesinnte Freunde zusammenriefe, dann hätte man seine Dummheit doch einigermaßen verstanden. Aber die Wissenschaft kann dergleichen nicht erklären. Jede Wissenschaft befindet sich entweder in einer logischen Immanenz oder in der Immanenz innerhalb einer Transzendenz, die sie nicht erklären kann. Die Sünde ist nun gerade jene Transzendenz, jenes *discrimen rerum**, in welchem die Sünde in den Einzelnen als den Einzelnen kommt. Anders kommt die Sünde nicht in die Welt, und sie ist niemals anders in die Welt gekommen. Wenn dann der Einzelne so töricht ist, nach der Sünde wie nach einer Sache zu fragen, die ihn nichts angeht, dann fragt er wie ein Narr; denn entweder weiß er gar nicht, wovon die Rede ist, und kann es unmöglich erfahren, oder er weiß es und versteht es, und keine Wissenschaft kann es ihm erklären. Manchmal ist die Wissenschaft jedoch so willfährig gewesen, sentimentalen Wünschen mit spekulativen Hypothesen entgegenzukommen, bis sie am Ende selbst zugab, dass diese keine ausreichende Erklärung waren. Das ist auch gewiss wahr; doch die Verwirrung wird dadurch ausgelöst, dass die Wissenschaft törichte Fragen nicht energisch zurückgewiesen und statt dessen abergläubische Menschen in dem Glauben bestärkt hat, es würde einmal ein wissenschaftlicher Projektemacher kommen, der Manns genug wäre, das Rechte herauszufinden. Man spricht in derselben Weise davon, dass die Sünde vor sechstausend Jahren in die Welt gekommen ist, wie

* kritischer Wendepunkt.

man sagt, dass Nebukadnezar vor viertausend Jahren ein Ochse wurde. Wenn man die Sache solchermaßen auffasst, dann ist es kein Wunder, dass die Erklärung entsprechend gerät. Was hier das Einfachste auf der Welt ist, das macht man zum Schwierigsten. Was der einfältigste Mensch auf seine Weise versteht, und zwar ganz richtig, weil er begreift, dass die Sünde nicht gerade vor sechstausend Jahren in die Welt gekommen ist, das hat die Wissenschaft mit der Kunst von Projektemachern als Preisfrage auszusetzen vermocht, die noch nie zufriedenstellend beantwortet wurde. Wie die Sünde in die Welt gekommen ist, das versteht jeder Mensch einzig und allein durch sich selbst; will er das von einem anderen lernen, dann wird er es *eo ipso* missverstehen. Die einzige Wissenschaft, die hier ein wenig ausrichten kann, ist die Psychologie, die jedoch selbst eingesteht, dass sie nicht erklärt und nicht mehr erklären *kann* noch *will*. Sofern es irgendeine Wissenschaft erklären könnte, wäre alles verwirrt. Es stimmt zwar, dass sich der Wissenschaftler selbst vergessen soll; deshalb ist es aber auch ein großes Glück, dass die Sünde kein wissenschaftliches Problem darstellt und daher kein Wissenschaftler wie auch kein Projektemacher verpflichtet ist zu vergessen, wie die Sünde in die Welt gekommen ist. Wenn er das will, wenn er hochmütig sich selbst vergessen will, dann wird er in seinem Eifer, die ganze Menschheit zu erklären, genauso komisch wie jener Hofrat, der in einem solchen Grade damit beschäftigt war, seine Visitenkarte bei Krethi und Plethi abzulegen, dass er darüber am Ende seinen eigenen Namen vergaß. Oder seine philosophische Begeisterung lässt ihn so selbstvergessen werden, dass er ein braves, nüchternes Eheweib benötigt, das er fragen kann, wie Buchhändler Soldin seine Rebecca fragte, als auch er sich vor begeisterter Selbstvergessenheit in die Objektivität des Schwatzens verlor: »Rebecca, bin ich das, der da redet?«*

Dass die bewunderten Wissenschaftler meiner hochgeehrten Mitwelt, die in ihrer für die ganze Gemeinde offenkundigen Sorge um das System und ihrem Suchen danach wohl auch darum besorgt sind, darin einen Platz für die Sünde zu finden, dies für höchst unwissenschaftlich erachten werden, das ist vollkommen in seiner Ordnung.

(*Der Begriff Angst*)

Wenn ein Mensch also vermeintlich glücklich ist, sich einbildet, glücklich zu sein, und ist, im Licht der Wahrheit gesehen, doch unglücklich, so möchte er

---

* Einer zeitgenössischen Anekdote zufolge soll der Kopenhagener Buchhändler Salomon Soldin in seinem Geschäft auf einer Leiter gestanden haben, als ein eintretender Kunde die Frau des Händlers in dessen Tonfall ansprach – woraufhin der Händler seiner Frau erstaunt zugerufen habe: »Rebecca, bin ich das, der da redet?«

sehr oft keineswegs aus diesem Irrtum herausgerissen werden. Im Gegenteil, er wird zornig, er hält jenen, der dies tut, für seinen ärgsten Feind, er betrachtet es als einen Überfall, fast so etwas wie einen Mord, auf solche Art, wie es heißt, sein Glück zu morden. Und woher kommt das? Es kommt daher, dass er vom Sinnlichen und Sinnlich-Seelischen vollkommen beherrscht wird; es kommt daher, dass er in den Kategorien des Sinnlichen, dem Angenehmen und dem Unangenehmen, lebt, sich nicht um Geist, Wahrheit und dergleichen kümmert; es kommt daher, dass er zu sinnlich ist, um es mutig zu wagen und zu ertragen, Geist zu sein. Auch wenn die Menschen noch so eitel und eingebildet sind, so haben sie doch zumeist eine sehr geringe Vorstellung von sich selbst, das heißt, sie haben keine Vorstellung davon, Geist, das Absolute zu sein, wie ein Mensch sein kann; doch eitel und eingebildet sind sie – vergleichsweise. Wenn man sich ein Haus vorstellt, mit Keller, Erdgeschoss und Beletage, so bewohnt oder eingerichtet, dass zwischen den Bewohnern jeder Etage ein Standesunterschied besteht oder beabsichtigt ist – und wenn man das Menschsein mit einem solchen Haus vergleicht, dann ist bei den meisten Menschen leider das Traurige und Lächerliche der Fall, dass sie es vorziehen, in ihrem eigenen Haus im Keller zu wohnen. Jeder Mensch ist die seelisch-körperliche Synthese, die darauf angelegt ist, Geist zu sein – dies ist das Gebäude; aber er zieht das Wohnen im Keller vor, das heißt, in den Bestimmungen des Sinnlichen. Und er gibt dieser Wohnung nicht nur den Vorzug, nein, er liebt sie in einem solchen Grade, dass er zornig wird, wenn ihm jemand den Vorschlag macht, in die Beletage umzuziehen, die frei zu seiner Verfügung steht – denn es ist ja sein eigenes Haus, in dem er wohnt.

Nein, in einem Irrtum befangen zu sein, das ist, ganz unsokratisch, was die Menschen am wenigsten fürchten. Man kann verblüffende Beispiele dafür sehen, die das in einem ungeheuren Maßstab erhellen. Ein Denker errichtet ein ungeheures Gebäude, ein System, welches das ganze Dasein und die Weltgeschichte usw. umfasst – und wenn man sein persönliches Leben betrachtet, dann entdeckt man mit Erstaunen das Entsetzliche und Lächerliche, dass er selbst diesen ungeheuren, hochgewölbten Palast nicht persönlich bewohnt, sondern ein Wirtschaftsgebäude daneben oder eine Hundehütte oder höchstens die Pförtnerwohnung. Würde man sich erlauben, ihn mit einem einzigen Wort auf diesen Widerspruch hinzuweisen, dann wäre er beleidigt. Denn in einem Irrtum befangen zu sein, das fürchtet er nicht, wenn er nur sein System fertig bringt – mit Hilfe eines Irrtums, in dem er befangen ist.

Also, es tut nichts zur Sache, dass der Verzweifelte selbst nichts davon weiß, dass sein Zustand Verzweiflung ist, er ist gleichwohl verzweifelt. Wenn die Verzweiflung Verirrung ist, dann ist die Unwissenheit darüber nur jenes Mehr, dass man sich gleichzeitig in einem Irrtum befindet. Mit der Unwissenheit in Bezug auf Verzweiflung verhält es sich wie mit der Unwissenheit in Bezug auf Angst (vgl. *Der Begriff Angst* von Vigilius Haufniensis)*, die Angst der Geistlosigkeit ist gerade an der geistlosen Sicherheit zu erkennen. Aber die Angst ist trotzdem im Grunde da, ebenso auch die Verzweiflung, und wenn der Zauber der Sinnestäuschungen aufhört, wenn das Dasein zu schwanken beginnt, dann zeigt sich auch sogleich die Verzweiflung als das, was im Grunde war.

Jener Verzweifelte, der nichts von seinem Verzweifeltsein weiß, ist verglichen mit dem, der sich dessen bewusst ist, nur ein Negatives weiter von Wahrheit und Erlösung entfernt. Die Verzweiflung selbst ist eine Negativität, die Unwissenheit über sie eine neue Negativität. Doch um bis zur Wahrheit zu gelangen, muss man durch jede Negativität hindurch; denn hier gilt es, wie die Volkssage berichtet, einen bestimmten Zauber aufzuheben: Das Stück muss von hinten nach vorn ganz durchgespielt werden, sonst hebt sich der Zauber nicht auf. Doch nur in einem Sinn, in einem rein dialektischen Sinn, ist der um seine Verzweiflung Unwissende weiter entfernt von der Wahrheit und

---

* Vigilius Haufniensis (der Wächter Kopenhagens): das Pseudonym, das Kierkegaard für sein Werk *Der Begriff Angst* verwendete.

dem Erlösenden als der Wissende, der dennoch in der Verzweiflung bleibt; denn in einem anderen Sinn, ethisch-dialektisch, ist der bewusst in der Verzweiflung bleibende Verzweifelte der Erlösung ferner, denn seine Verzweiflung ist intensiver. Aber die Unwissenheit ist so wenig dazu in der Lage, die Verzweiflung aufzuheben oder in Nicht-Verzweiflung umzuwandeln, dass sie gerade die gefährlichste Form von Verzweiflung sein kann. In der Unwissenheit ist der Verzweifelte, jedoch zu seinem eigenen Verderben, in gewisser Weise davor sicher, aufzumerken, das heißt, er ist ganz sicher in der Gewalt der Verzweiflung.

In der Unwissenheit über seine Verzweiflung ist der Mensch am weitesten davon entfernt, sich als Geist bewusst zu sein. Und gerade sich als Geist nicht bewusst zu sein, das ist Verzweiflung, die Geistlosigkeit ist, sei nun der Zustand ansonsten entweder ein vollkommenes Abgestorbensein, ein lediglich vegetatives Leben oder ein potenziertes Leben, dessen Geheimnis doch Verzweiflung ist. Im letzten Fall ergeht es dem Verzweifelten dann wie jenem, der an Schwindsucht leidet: Er fühlt sich gerade dann am wohlsten, hält sich für am allergesundesten, scheint für andere vielleicht vor Gesundheit zu blühen, wenn die Krankheit am gefährlichsten ist.

Diese Form von Verzweiflung (die Unwissenheit über sie) ist die allgemeinste in der Welt, ja, was man

Welt nennt, oder genauer bestimmt, was das Christentum Welt nennt; das Heidentum und der natürliche Mensch in der Christenheit, das Heidentum, wie es historisch war und ist, und das Heidentum in der Christenheit, das ist gerade diese Art von Verzweiflung, ist Verzweiflung, ohne doch davon zu wissen. Zwar wird auch im Heidentum ebenso wie von dem natürlichen Menschen ein Unterschied zwischen Verzweifeltsein und Nichtverzweifeltsein gemacht, das heißt, man spricht von Verzweiflung, als wären nur einige Einzelne verzweifelt. Doch diese Unterscheidung ist ebenso trügerisch wie jene, die vom Heidentum und dem natürlichen Menschen zwischen Liebe und Selbstliebe gemacht wird, als wäre nicht all diese Liebe wesentlich Selbstliebe. Und weiter als bis zu dieser trügerischen Unterscheidung zu gelangen, war und ist dem Heidentum sowie dem natürlichen Menschen unmöglich, denn das Spezifische der Verzweiflung ist gerade ihre Unwissenheit darüber, dass sie Verzweiflung ist.

Hieraus ist nun leicht zu ersehen, dass der ästhetische Begriff Geistlosigkeit keineswegs der Maßstab sein kann, wenn man beurteilen will, was Verzweiflung ist und was nicht, und das ist im Übrigen ganz in seiner Ordnung; da es sich nämlich nicht ästhetisch bestimmen lässt, was Geist in Wahrheit ist, wie sollte das Ästhetische dann eine Frage beantworten können, die sich ihm überhaupt nicht stellt! Es wäre ja auch eine ungeheure Dummheit, zu bestreiten, dass sowohl heidnische Nationen *en masse* als auch einzelne Heiden erstaunliche Taten vollbracht haben, zur Begeisterung der Dichter in der Vergangenheit wie in der Zukunft, zu bestreiten, dass das Heidentum Beispiele dafür aufweist, was man ästhetisch nicht genug bewundern kann. Es wäre auch töricht, zu bestreiten, dass jenes Leben, das im Heidentum geführt wurde und vom natürlichen Menschen geführt werden kann, reich ist am größten ästhetischen Genuss, indem es, auf die geschmackvollste Weise, jede ihm vergönnte Begünstigung nutzt und sogar Kunst und Wissenschaft dienstbar macht, um den Genuss zu erhöhen, zu verschönern, zu veredeln. Nein, nicht die ästhetische Bestimmung von Geistlosigkeit ist der Maßstab dafür, was Verzweiflung ist und was nicht, sondern man muss die ethisch-religiöse Bestimmung verwenden: Geist – oder negativ: Mangel an Geist, Geistlosigkeit. Jede menschliche Existenz, die sich nicht als Geist bewusst oder vor Gott persönlich als Geist bewusst ist, jede menschliche Existenz, die nicht solcherart durchsichtig in Gott gründet, sondern dunkel in etwas abstrakt Universellem (Staat, Nation und dergleichen) ruht und aufgeht oder im Dunkeln über ihr Selbst ihre Fähigkeiten nur als Wirkungskräfte versteht, ohne sich im tieferen Sinn bewusst zu werden, woher sie gekommen sind, fasst ihr Selbst als ein unerklärliches Etwas auf, sofern es nach innen verstanden werden sollte - jede solche Existenz, und wenn sie das Erstaunlichste vollbringt, und wenn sie das ganze Dasein erklärt, und wenn sie das Leben ästhetisch noch so intensiv genießt: Jede solche Existenz ist doch Verzweiflung.

(Die Krankheit zum Tode)

Die Geschichte von Abraham nun hat die merkwürdige Eigenschaft, dass sie immerfort herrlich bleibt, wie ärmlich man sie auch verstehe, aber doch kommt es hier wiederum darauf an, ob man arbeiten will und beschwert sein. Aber arbeiten will man nicht, und doch will man die Geschichte verstehen. Man predigt zu Abrahams Ehre, aber wie? Man gibt dem Ganzen einen schlechtweg allgemeinen Ausdruck: »Das ist das Große gewesen, dass er Gott so sehr liebte, dass er ihm das Beste opfern wollte.« Das ist sehr wahr; aber das »Beste« ist ein unbestimmter Ausdruck. Man setzt im Laufe des Gedankens und der Rede Isaak und das Beste gleich, und der Meditierende kann gut seine Pfeife rauchen während der Meditation, und der Hörende kann gut die Beine behaglich von sich strecken. Wenn der reiche Jüngling, dem Christus begegnete auf seinem Wege, alle seine Güter verkauft hätte und sie den Armen gegeben, so würden wir ihn preisen wie alles, was groß ist, und auch ihn nicht verstehen, ohne dass wir arbeiten, aber er wäre dennoch nicht ein Abraham geworden, ob er schon das Beste opferte. Was man aus der Historie von Abraham fortlässt, ist die Angst; denn gegen mein Geld hab ich keinerlei ethische Verpflichtung, aber gegen den Sohn hat der Vater die heiligste und höchste. Aber Angst ist ein gefährlich Ding für die Zärtlinge, darum vergisst man sie, und dessen ungeachtet will man über Abraham predigen. So redet man denn, und im Laufe der Rede wechseln die beiden Ausdrücke »Isaak« und »das Beste« ab, alles geht ganz vortrefflich. Träfe es sich aber so, dass unter den Zuhörern ein Mann wäre, der an Schlaflosigkeit leidet, so liegt das schrecklichste, das tiefste, tragische und komische Missverständnis sehr nah. Er ginge nach Haus, er würde tun wollen wie Abraham, der Sohn ist ja das Beste. Wenn jener Prediger es zu wissen bekäme, dann ginge er vielleicht zu ihm, er sammelte alle seine geistliche Würde und riefe: »Abscheulicher Mensch, Auswurf der Gesellschaft, von welch einem Teufel bist du besessen, dass du deinen Sohn morden willst.« Und der Pastor, der doch weder Wärme noch Schweiß verspürt hatte bei der Predigt über Abraham, er würde sich über sich selbst wundern, über den Ernst und Zorn, mit dem er den armen Menschen niederdonnerte; er würde sich freuen über sich selbst; denn niemals hätte er mit soviel Nachdrücklichkeit und Salbung gesprochen; er spräche zu sich selbst und seinem Eheweib: »Ich bin Redner, was mir gefehlt hat, ist der Anlass gewesen; als ich Sonntags über Abraham redete, fühlte ich mich überhaupt nicht ergriffen.« Falls selbiger Redner einen kleinen Überfluss von Verstand hätte, der sich verlieren ließe, so, denk ich, würde er ihn verlieren, wenn der Sünder ruhig und würdig erwiderte: Aber davon hast du ja selbst letzten Sonntag gepredigt. Wie hätte dergleichen auch dem Pastor in den Kopf kommen sollen, und doch wäre es ja so, und der Fehler nur der, dass er nicht wusste, was er sagte. Dass es keinen Dichter gibt, der sich entschließen kann, solche Situationen dem närrischen Tand vorzuziehen, mit dem man Komödien und Romane füllt! Das Komische und das Tragische berühren hier einander in absoluter Unendlichkeit. Die Rede des Pastors wäre an und für sich schon lächerlich genug, würde aber unendlich lächerlich werden durch ihre Wirkung, und doch wäre diese ganz natürlich. Oder wenn etwa wirklich der Sünder, ohne eine Einwendung zu machen, sich umwenden ließe durch die Strafrede des Pastors, wenn dieser eifrige Geistliche erfreut nach Hause ginge, erfreut durch das Bewusstsein, nicht bloß von der Kanzel aus zu wirken, sondern vor allem mit unwiderstehlicher Macht als Seelsorger, sofern er am Sonntag die Gemeinde begeisterte, während er am Montag sich wie ein Cherub mit flammendem Schwerte dem gegenüber stellte, der mit der Tat jenes alte Wort hatte zu Schanden machen wollen, dass es in der Welt nicht so zugeht wie in der Predigt des Pastors![1]

(*Furcht und Zittern*)

1 In alten Tagen sagte man: es ist traurig, dass es in der Welt nicht so zugeht wie in der Predigt des Pastors – vielleicht kommt die Zeit, vor allem mit Hilfe der Philosophie, wo man sagen kann: glücklicherweise geht es nicht so zu wie in der Predigt des Pastors; denn im Leben ist doch noch ein bisschen Sinn und Verstand, in seiner Predigt ist überhaupt keiner.

IV

Polemik des Lächerlichen:
religiöses Missvergnügen

*... dass das Komische ein Verhältnis ist, das
Missverhältnis des Widerspruchs, aber ein schmerzloses*

Wenn ein Bauer bei einem Mann, der Deutscher ist, an
die Tür klopft und mit ihm spricht, um ihn zu fragen, ob
in dem Hause ein Mann wohne, dessen Name der Bauer
vergessen, der aber ein Fuder Torf bestellt habe, und der
Deutsche voller Ungeduld, weil er nicht verstehen kann,
was der Bauer sagt, ausruft: das ist doch wunderlich, –
zur großen Freude des Bauern, der sagt: richtig, Wunderlich hieß der Mann: so ist der Widerspruch der, dass
der Deutsche und der Bauer nicht zusammen sprechen
können, weil die Sprache ein Hindernis bildet, und der
Bauer des ungeachtet die Auskunft mit Hilfe der Sprache bekommt. [...] Die Karikatur ist komisch, und wodurch? Durch den Widerspruch zwischen der Ähnlich-
keit und der Unähnlichkeit; die Karikatur muss einem
Menschen ähneln, sogar einem wirklichen, bestimmten
Menschen; ähnelt sie überhaupt keinem, ist sie nicht
komisch, sondern ein direkter Versuch in nichtssagen-
der Phantastik.

(Abschließende unwissenschaftliche Nachschrift)

Die verborgene Innerlichkeit ist für das Komische unzugänglich, was man auch daraus ersieht: wenn ein solcher Religiöser dazu aufgereizt werden könnte, seine Religiosität plötzlich im Äußeren geltend zu machen, wenn er z. B. sich selbst vergäße und mit einem komparativ* Religiösen in Streit käme, und wiederum sich selbst und die absolute Forderung der Innerlichkeit vergäße dadurch, dass er komparativ religiöser sein wollte als der andere: so ist er komisch, und der Widerspruch ist der: zugleich sichtbar und unsichtbar sein zu wollen. Gegen anmaßliche Formen des Religiösen gebraucht der Humor mit Recht das Komische, gerade weil ein Religiöser schon noch selbst den Ausweg kennen muss, wenn er nur will. [...]

Das Gesetz für das Komische ist ganz einfach: es ist überall, wo Widerspruch da ist, und wo der Widerspruch dadurch schmerzlos ist, dass er als aufgehoben gesehen wird; denn zwar beseitigt das Komische den Widerspruch nicht (macht ihn im Gegenteil offenbar), aber das berechtigte Komische kann es, andernfalls ist es nicht berechtigt. Das Talent liegt darin, es in concreto darstellen zu können. Die Probe für das Komische besteht in der Nachprüfung, welches Verhältnis zwischen den Sphären die komische Aussage in sich schließt; ist das Verhältnis nicht richtig, so ist das Komische unberechtigt; und eine Komik, die gar nir-

* hier: vergleichsweise.

gendwo hingehört, ist eo ipso unberechtigt. Das Sophistische im Verhältnis zum Komischen hat daher seinen Halt in nichts, in der reinen Abstraktion, und ist von Gorgias durch *die* Abstraktion ausgedrückt: Ernst durch Komik zu vernichten und Komik durch Ernst (vgl. Aristoteles' Rhetorik 3,18). Das Quitt, mit dem alles hier endet, ist Dreck, und die Misslichkeit ist leicht aufgedeckt, dass nämlich ein Existierender sich selbst in ein phantastisches x verwandelt hat; denn es muss ja doch ein Existierender sein, der dies Verfahren gebrauchen will, das nur ihn selbst lächerlich macht, wenn man gegen ihn die Beschwörungsformel für Spekulanten aus dem Vorhergehenden anwendet: Darf ich mich beehren zu fragen, mit wem ich die Ehre habe zu sprechen, ob es ein Mensch ist usw. Gorgias landet nämlich mit seiner Entdeckung auf dem phantastischen Tummelplatz des reinen Seins; denn wenn er durch das eine das andere vernichtet, so bleibt nichts übrig. Doch hat Gorgias wohl eher die Schläue eines Winkeladvokaten bezeichnen wollen, der dadurch siegt, dass er die Waffen wechselt je nach der Art der Waffen seines Gegners; aber ein Winkeladvokat ist keine berechtigte Instanz im Verhältnis zum Komischen, er kann in den Mond gucken nach der Berechtigung – und muss sich mit dem Profit begnügen, was ja auch bekanntlich das Lieblingsresultat aller Sophisten gewesen ist – Geld, Geld, Geld, oder was auf gleicher Stufe damit steht.

In der religiösen Sphäre, wenn diese rein gehalten wird in Innerlichkeit, ist das Komische dienend. Man könnte sagen, dass Reue z. B. ein Widerspruch sei, ergo ist da etwas Komisches, zwar nicht für das Ästhetische oder für die endliche Verständigkeit, die niedriger stehen, oder für das Ethische, das seine Kraft in dieser Leidenschaft hat, oder für die Abstraktion, die phantastisch ist und dadurch niedriger steht (von *diesem* Standpunkt aus sie komisch auffassen zu wollen, das war es, was als Nonsens im Vorhergehenden abgewiesen wurde), aber für das Religiöse selbst, das ein Mittel dagegen kennt, einen Ausweg. Aber dem ist nicht so, das Religiöse kennt kein Mittel gegen die Reue, das von der Reue absieht, das Religiöse gebraucht im Gegenteil beständig[1] das Negative als die wesentliche Form, das Sündenbewusstsein ist somit ein bestimmtes Mithingehörendes zum Bewusstsein der Sündenvergebung. Das Negative ist nicht da ein für allemal und dann das Positive, sondern das Positive ist beständig im Negativen da, und

---

1 Daher kommt es auch, dass, selbst wenn das Religiöse das ästhetische Leiden mit einem gewissen komischen Anstrich auffasst, es das schonend tut, weil es anerkannt wird, dass dieses Leiden seine Zeit haben will. Die Reue dagegen will, religiös gesehen, nicht ihre Zeit haben und dann vorbei sein, die Ungewissheit des Glaubens nicht ihre Zeit haben und dann vorbei sein, das Bewusstsein der Sünde nicht seine Zeit haben und dann vorbei sein: denn dann gehen wir zur Ästhetik zurück.

das Negative ist das Kennzeichen, so dass das regulierende Prinzip: ne quid nimis*, hier keine Anwendung finden kann. Wenn das Religiöse ästhetisch aufgefasst wird, wenn im Mittelalter Ablass für 4 Schilling gepredigt wird, und man annimmt, dass damit die Sache quitt ist, wenn man diese Fiktion festhalten will: dann muss die Reue komisch aufgefasst werden, dann ist der in Reue Zerrissene komisch [...] vorausgesetzt, dass er die 4 Schilling hat; denn der Ausweg ist ja so leicht, und in der Fiktion ist das ja [als Tatsache] angenommen, dass das der Ausweg ist. Aber dieser ganze Galimathias** ist die Folge davon, dass das Religiöse eine Farce geworden ist. In demselben Grade aber, wie man das Negative in der religiösen Sphäre abgeschafft, oder es ein für allemal dagewesen sein lässt und es damit genug sein lässt, in demselben Grade wird sich das Komische gegen das Religiöse geltend machen und mit Recht – weil das Religiöse Ästhetik geworden ist und doch das Religiöse sein will.

(*Abschließende unwissenschaftliche Nachschrift*)

* nichts im Übermaß.
** sinnloses, verworrenes Gerede.

Nach und nach, sowie die Aufklärung und Bildung zunimmt, und die Anforderungen immer höher werden, wird es natürlich immer schwieriger, als Philosoph die Forderung der Zeit zu befriedigen. Im Altertum forderte man: das Vermögen des Geistes, die Freiheit der Gesinnung, die Leidenschaft des Denkens. Man vergleiche die jetzige Zeit, jetzt fordert man, in Kopenhagen, dass ein Philosoph darüber hinaus feiste od. doch wohlgeformte Beine hat, und dass seine Kleidung nach der Mode sitzt. Es wird immer schwieriger, außer wenn man sich mit letzterer Forderung alleine begnügt und annimmt, dass jeder, der feiste oder doch wohlgeformte Beine hat und dessen Kleidung nach der Mode sitzt, Philosoph ist.

(Journal JJ)

Sind wir wirklich Christen – was ist dann Gott?

Wenn es nicht so ist: was wir unter Christsein verstehen, ist eine Einbildung, diese ganze Maschinerie mit einer Staatskirche und 1000 geistlich-weltlichen Kanzleiräten usw. eine ungeheure Augenverblendung, die uns in der Ewigkeit nicht das mindeste hel-

fen, sondern im Gegenteil als Anklage gegen uns benutzt werden wird – wenn es nicht so ist; denn in dem Falle wollen wir es (um der Ewigkeit willen!) je eher desto lieber wegbekommen – –

– – wenn es nicht so ist, wenn das, was wir unter Christsein verstehen, wirklich Christsein ist: was ist dann Gott im Himmel?

Er ist das lächerlichste Wesen, das je gelebt hat, sein Wort das lächerlichste Buch, das je an den Tag gekommen ist: Himmel und Erde in Bewegung zu setzen (was er ja in seinem Worte tut), mit der Hölle, mit ewigen Strafen zu drohen – um das zu erreichen,

---

Mein Schirm, meine Freundschaft.

Er verlässt mich nie, einmal nur hat er das getan. Es war ein fürchterlicher Sturm; ich stand allein und von allen Menschen verlassen, allein auf Kongens Nytorv; da drehte sich auch mein Schirm um. Ich war unschlüssig, ob ich ihn wegen seiner Treulosigkeit ziehen lassen und Misanthrop werden sollte. Ich habe ihn so lieb gewonnen, dass ich ihn immer bei mir habe, ob bei Regen oder Sonnenschein; ja, um ihm zu zeigen, dass ich ihn nicht nur um seiner Nützlichkeit willen liebe, gehe ich bisweilen in meiner Stube die Dielen auf und ab und tue so, als ob ich draußen sei, ich stütze mich auf ihn, spanne ihn auf, lege mein Kinn auf den Handgriff, führe ihn an meine Lippen usw.

(*Aus Kierkegaards losen Papieren*)

Karikatur von Wilhelm Marstrand (1870)

was wir unter Christensein verstehen (und wir sind ja wahre Christen): nein, etwas so Lächerliches ist niemals vorgekommen! Denk Dir, dass zu einem Menschen ein Mann mit einer scharfgeladenen Pistole träte und zu ihm sagte: »Ich erschieße dich«, oder denk Dir etwas noch Entsetzlicheres, dass er sagte: »Ich bemächtige mich deiner Person und martere dich mit der grässlichsten Tötungsart zu Tode, wenn du dir nicht (pass jetzt auf, jetzt kommt es!) wenn du dir nicht das Leben hier auf Erden so profitabel und genussreich machst, wie es dir möglich ist« – so ist das doch wohl die lächerlichste Rede; denn um das zu bewirken, braucht man wirklich nicht mit scharfgeladener Pistole und mit der qualvollsten Todesstrafe zu drohen, vielleicht wäre weder die scharfgeladene Pistole noch die qualvollste Todesstrafe imstande, das zu verhindern. Und so auch: durch Grauen vor ewigen Strafen (fürchterliche Drohung!), durch Hoffnung auf ewige Seligkeit bewirken zu wollen – ja, bewirken zu wollen, was wir sind (denn was wir Christ nennen, ist ja Christ sein), also bewirken zu wollen, was wir sind: dass wir auf die Art leben, wozu wir die meiste Lust haben – denn sich bürgerlicher Verbrechen zu enthalten, ist ja nur einfache Klugheit!

Die grässlichste Art der Gottesbespottung ist diejenige, deren die »Christenheit« sich schuldig macht: Gottes Geist in – einen lächerlichen Quatsch zu verwandeln; und die geistloseste Art der Gottesverehrung, geistloser als alles, was es im Heidentum gibt und gab, geistloser als dies: einen Stein, einen Ochsen, ein Insekt als Gott anzubeten, geistloser als alles ist: unter dem Namen Gottes – einen Quatschkopf anzubeten!

Kurzes und Spitzes

1. Das Christentum lässt sich vervollkommnen (ist perfektibel); es geht vorwärts; jetzt ist es erreicht, das Vollkommene. Was als das Ideal angestrebt wurde, was jedoch selbst die frühe Zeit nur annäherungsweise erreichte, dass die Christen ein Volk von Pfarrern seien, das ist jetzt vollkommen erreicht, zumal im Protestantismus, zumal in Dänemark.

Wofern nämlich, was wir Pfarrer nennen, Pfarrer sein ist – ja, dann sind wir alle Pfarrer!

2. In dem prächtigen Dom tritt der hochwohlgeborene hochwürdige Geheime-General-Ober-Hof-Prediger, der auserwählte Liebling der vornehmen Welt, er tritt vor einen auserwählten Kreis von Auserwählten und predigt *gerührt* über den von ihm selbst ausgewählten Text: »Gott hat das Unedle vor der Welt und das Verachtete erwählt« – und keiner lacht.

3. Wenn ein Mann Zahnschmerzen hat, sagt die Welt »armer Mann«; wenn die Frau eines Mannes ihm untreu wird, sagt die Welt »armer Mann«; wenn ein Mann in Geldverlegenheit ist, sagt die Welt »armer Mann«. – Wenn es Gott gefällt, in Knechtsgestalt in dieser Welt leiden zu wollen, sagt die Welt »armer Kerl«; wenn ein Apostel in göttlichem Auftrag die Ehre hat, für die Wahrheit zu leiden, sagt die Welt »armer Kerl«: arme Welt!

4. »Hatte der Apostel Paulus ein Amt?« Nein, Paulus hatte kein Amt. »Verdiente er denn auf andere Weise viel Geld?« Nein, er verdiente auf keine Weise Geld. »War er denn wenigstens verheiratet?« Nein, er war nicht verheiratet. »Aber dann ist Paulus ja kein ernsthafter Mann?« Nein, Paulus ist kein ernsthafter Mann.

5. Von einem schwedischen Pfarrer wird erzählt, er habe, erschüttert durch den Anblick der Wirkung, die seine Rede bei den Zuhörern hervorrief, die in Tränen dahinschwammen, beruhigend gesagt: weint nicht, Kinder, es dürfte alles erlogen sein.

Warum sagt der Pfarrer das jetzt nicht mehr? Nicht nötig, wir wissen es – wir sind alle Pfarrer.

Aber wir können ja trotzdem ruhig weinen, seine

wie auch unsere Tränen sind keineswegs heuchlerisch, sondern empfunden, wahr – wie im Theater.

6. Als das Heidentum aufgelöst wurde, lebten einige Pfarrer, Auguren* genannt. Von denen wird berichtet, der eine Augur habe den anderen nicht anblicken können, ohne zu lächeln.

In der »Christenheit« kann wohl bald keiner einen Pfarrer, oder wohl bald kein Mensch den anderen mehr anblicken, ohne zu lächeln – aber wir sind ja auch alle Pfarrer.

7. Ist das dieselbe Lehre, wenn Christus zu dem reichen Jüngling sagt: »Verkaufe alles, was du hast, und gib's den Armen«;

und wenn der Pfarrer sagt: »Verkaufe alles, was du hast, und – gib's mir«?

8. Genies sind wie Gewitter: sie ziehen gegen den Wind, ängstigen die Menschen, reinigen die Luft.

Das Bestehende hat etliche Blitzableiter erfunden.

Und es gelingt. Und ob es gelingt; es gelingt, *das nächste* Gewitter desto ernster zu machen.

---

* in der röm. Antike Seher, die aus dem Flug und Geschrei der Vögel weissagten.

9. Von nichts kann man nicht leben. Das hört man so oft, zumal vom Pfarrer.

Und gerade die Pfarrer vollbringen dieses Kunststück: das Christentum ist gar nicht vorhanden – doch sie leben davon.

Herzlichkeit – Herzlosigkeit

Leute, die selber das Herz im Halse haben, auf den Lippen, in der Hose, kurzum, auf jedem anderen Fleck als dem rechten, machen sich ganz natürlicherweise schuldig daran, den, eben den der Herzlosigkeit zu zeihen, der das Herz auf dem rechten Fleck hat.

Nachdem sie nämlich vergebens sein Herz an jedem der ihnen bekannten Flecken für das Herz gesucht haben, versichern sie sich, dass er kein Herz hat; er hat es nämlich auf dem rechten Fleck, und es dort zu suchen, fällt ihnen nicht ein.

(*Der Augenblick*)

V

Ewige Seligkeit:
religiöse Freude quia absurdum

Das Erbauliche, das in dem Gedanken liegt,
dass wir gegen Gott immer Unrecht haben

Dein Leben bringt dich in eine vielfältige Beziehung zu anderen Menschen, zu einigen zieht es dich mit innigerer Liebe hin als zu anderen. Wenn nun ein solcher Mensch, welcher Gegenstand deiner Liebe wäre, Unrecht gegen dich täte, nicht wahr, so würde es dich schmerzen, du würdest alles genau prüfen, doch dann, würdest du dann sagen: Ich bin mir bewusst, dass ich Recht habe, dieser Gedanke wird mich beruhigen? O, wenn du ihn liebtest, so würde das dich nicht beruhigen, du würdest allem nachforschen. Du würdest nichts anderes erkennen können, als dass er Unrecht hat, und doch würde diese Gewissheit dich beunruhigen, du würdest wünschen, dass du Unrecht hättest, du würdest suchen, ob du nicht etwas finden könntest, was etwa zu seiner Rechtfertigung spräche, und fändest du es nicht, so würdest du doch erst Ruhe in dem Gedanken finden, dass du Unrecht habest. Oder wenn es dir auferlegt wäre, für das Wohl eines solchen Menschen Sorge zu tragen, du würdest alles tun, was in deiner Macht stünde, und wenn der andere trotz-

dem nicht darauf achtete und dir nur Kummer berei-
tete, nicht wahr, so würdest du die Rechnung machen,
du würdest sagen: Ich weiß, ich habe Recht gegen ihn
getan? – O nein! wenn du ihn liebtest, so würde dieser
Gedanke dich nur ängstigen, du würdest nach jeder
Wahrscheinlichkeit greifen, und wenn du keine fändest, so würdest du die Rechnung zerreißen, um dich
sie vergessen zu machen, und du würdest danach
trachten, dich an dem Gedanken zu erbauen, dass du
Unrecht habest.

So ist es denn schmerzlich, Unrecht zu haben, und
schmerzlicher, je öfter man es hat, erbaulich, Unrecht
zu haben, und erbaulicher, je öfter man es hat! Dies ist
ja ein Widerspruch. Woraus lässt er sich erklären, es
sei denn daraus, dass du in dem einen Fall zu erkennen gezwungen bist, was du in dem andern Fall zu
erkennen wünschst? Bleibt denn aber die Erkenntnis
nicht die gleiche, hat es einen Einfluss auf sie, ob man
wünscht oder nicht wünschte? Woraus lässt sich dies
erklären, es sei denn daraus, dass du in dem einen Falle liebtest, in dem andern nicht, mit anderen Worten,
dass du in dem einen Falle dich in einem unendlichen
Verhältnis zu einem Menschen befändest, in einem
anderen Falle in einem endlichen? So ist also der
Wunsch, Unrecht zu haben, Ausdruck für ein unend-
liches Verhältnis, die Einstellung, dass man Recht haben will oder es schmerzlich findet, Unrecht zu haben, Ausdruck für ein endliches Verhältnis! So ist es

also erbaulich, immer Unrecht zu haben, denn nur das Unendliche erbaut, das Endliche nicht!

Wenn es nun ein Mensch wäre, den du liebtest, und gelänge es deiner Liebe auch, deinen Gedanken und dich selbst fromm zu betrügen, du wärest dennoch in einem ständigen Widerspruch, weil du wüsstest, du hättest recht, und doch wünschtest und zu glauben wünschtest, dass du Unrecht hättest. Wenn es dagegen Gott wäre, den du liebtest, könnte da etwa von einem solchen Widerspruch die Rede sein, könntest du da etwa von anderem wissen als dem, was du zu glauben wünschtest? Sollte er, der im Himmel ist, nicht größer sein als du, der du auf Erden wohnst, sollte sein Reichtum nicht verschwenderischer sein als dein Maß, seine Weisheit nicht tiefer als dein Scharfsinn, seine Heiligkeit größer als deine Gerechtigkeit? Musst du dies nicht notwendig erkennen, wenn du es aber erkennen musst, so ist kein Widerspruch zwischen deinem Wissen und deinem Wunsch. Und doch, wenn du es notwendig erkennen musst, so ist ja keine Erbauung in dem Gedanken, dass du immer Unrecht hast, denn es wurde ja gesagt, dass der Grund, weshalb es sich das eine Mal als schmerzlich erweisen könne, Unrecht zu haben, das andere Mal als erbaulich, der sei, dass man in dem einen Falle gezwungen sei, zu erkennen, was man in dem andern Falle zu erkennen wünsche. So wärest du denn in deinem Verhältnis zu Gott zwar vom Widerspruch befreit, aber du hättest die Erbauung verloren, und doch war es ja eben dies, worüber wir nachdenken wollten: das Erbauliche darin, dass wir gegen Gott immer Unrecht haben.

Sollte dem nun wirklich so sein? Warum war es dein Wunsch, gegen einen Menschen Unrecht zu haben? weil du liebtest; warum fandest du es erbaulich? weil du liebtest. Je mehr du liebtest, um so weniger Zeit hattest du zu überlegen, ob du Recht habest oder nicht, deine Liebe hatte nur den Wunsch, dass du ständig Unrecht haben mögest. So auch in deinem Verhältnis zu Gott. Du liebtest Gott, und darum konnte deine Seele nur darin Ruhe und Freude finden, dass du immer Unrecht haben müsstest. Nicht aus der Mühsal des Denkens bist du zu dieser Erkenntnis gekommen, du warst nicht gezwungen, denn wenn du in Liebe bist, bist du in Freiheit. Wenn also der Gedanke dich davon überzeugt, dass es sich so verhalte, dass es sich gar nicht anders verhalten könne, als dass du immer Unrecht oder Gott immer Recht haben müsse, so war dies eine nachträgliche Überlegung; und du bist zu der Gewissheit, dass du Unrecht habest, nicht von der Erkenntnis her gelangt, dass Gott Recht habe; sondern von jenem einzigen und höchsten Wunsch der Liebe her, dass du immer Unrecht haben mögest, bist du zu der Erkenntnis gelangt, dass Gott immer Recht hat. Dieser Wunsch aber ist die Sache der Liebe und somit der

Freiheit, und du bist also keineswegs zu der Erkenntnis gezwungen worden, dass du immer Unrecht habest. Nicht durch eine Überlegung also ist es dir gewiss geworden, dass du immer Unrecht habest, sondern die Gewissheit lag darin, dass du dadurch erbaut wurdest. [...] So ist also dies, dass du gegen Gott immer Unrecht hast, nicht eine Wahrheit, die du erkennen musst, nicht ein Trost, der deinen Schmerz lindert, nicht ein Ersatz für etwas Besseres, sondern es ist eine Freude, in der du siegst über dich und die Welt, deine Wonne, dein Lobgesang, deine Anbetung, ein Beweis dafür, dass deine Liebe glücklich ist, wie nur die Liebe es ist, mit welcher man Gott liebt.

(*Entweder – Oder*)

Macht der Bilder

Denke dir also ein Kind, und mach diesem Kind eine Freude dadurch, dass du ihm ein paar von jenen künstlerisch unbedeutenden, aber für das Kind so anregenden Bildern zeigst, die man in einem Kramladen kaufen kann. – Der da, auf dem schnaubenden Rosse, mit den wehenden Federn und der Herrschermiene, an der Spitze von Tausenden und Aber tausenden, die man nicht sehen kann – die Hand befehlend ausgestreckt: »vorwärts«, vorwärts über die Berggipfel, die gerade vor dir liegen, vorwärts zum Siege; das ist der Kaiser, der einzige, Napoleon; und nun erzählst du dem Kinde von Napoleon. – Der dort ist ein Jäger, er stützt sich auf seine Armbrust und sieht mit einem durchdringenden Blick vor sich hin, so sicher und doch bekümmert. Das ist Wilhelm Tell; du erzählst dem Kinde von ihm und diesem merkwürdigen Ausdruck in seinen Augen, dass er mit demselben Blick auf sein geliebtes Söhnchen schaute, damit er es nicht treffe, und auf den Apfel auf des Kindes Kopf, damit er den Apfel genau treffe. – Und dann zeigst du dem Kinde noch mehr solcher Bilder zu dessen unsäglicher Freude, bis du zu einem Bilde kommst, das du absichtlich dazwischen gelegt hast, und das einen Gekreuzigten darstellt. Das Kind wird das Bild nicht sofort und auch nicht ganz direkt verstehen; es wird fragen, was es denn bedeute, dass der an solch einem Baume hänge. Darauf erklärst du dem Kinde, dass das ein Kreuz sei, und dass, wer daran hänge, gekreuzigt worden sei, und dass diese Kreuzigung in jenem Lande die qualvollste Todesstrafe gewesen sei und dazu eine entehrende Todesstrafe, die nur die schlimmsten Verbrecher erleiden mussten. – Wie wird dies nun auf das Kind wirken? Das Kind wird befangen werden und sich wohl eigentlich darüber wundern, wie du darauf gekommen seist, ihm ein solches hässliches Bild unter all den andern schönen zu zeigen, dies Bild eines schlimmen Verbrechers unter all diesen Helden und Herrlichen. Denn wie den Juden zum Trotz oben über das Kreuz geschrieben wurde: »der Juden König«, so ist dieses Bild, das unaufhörlich noch alle Jahre herausgegeben wird, dem Menschengeschlecht zum Trotz eine Mahnung, die es niemals loswerden kann und auch niemals loswerden soll. Man soll ihn nicht anders darstellen; und es soll immer so sein, als hätte ihn *dieses* Geschlecht gekreuzigt, wenn *dieses* Geschlecht einem Kinde des neuen Geschlechts dieses Bild zum ersten Male zeigt und ihm zum ersten Male erklärt, wie es in der Welt zuging. Und dem Kinde soll es vor dem Erwachsenen und vor der Welt und vor sich selbst bange und ängstlich werden, wenn es zum ersten Male davon hört, und die andern Bilder sollen sich dabei alle, wie, wie es in dem alten Liede heißt, vor Scham umwenden, weil dieses Bild so ganz anders ist. Indessen – denn wir sind ja noch gar nicht zu dem Entscheidenden gekommen, indem das Kind noch gar nicht erfahren hat, wer dieser schlimme Verbrecher gewesen ist – wird das Kind sicherlich, wissbegierig wie alle Kinder sind, fragen, wer denn das sei, und was er denn getan habe – ja, was? Erzähle dem Kinde dann, dass dieser Gekreuzigte der Heiland der Welt sei. Damit wird aber das Kind keine rechte Vorstellung verbinden können; erzähle ihm deshalb nur, dass dieser Gekreuzigte der liebevollste Mensch gewesen sei, der je gelebt habe. O, im Alltäglichen, wo man ja diese Geschichte auswendig ableiern kann, im

Alltagsleben, wo ein halbes, gerade nur andeutend hingeworfenes Wort genügt, damit man sofort Bescheid weiß, da geht alles so schnell und oberflächlich vor sich; das müsste aber ein sonderbarer Mensch sein, vielmehr ein Unmensch, der nicht unwillkürlich die Augen niederschlüge und fast wie ein armer Sünder dastünde, wenn er einem Kinde dies zum ersten Male erzählen sollte, einem Kinde also, das noch nie ein Wort davon gehört und selbstverständlich nie etwas davon geahnt hat. Denn in dem Augenblicke steht der Erwachsene ja wie ein Ankläger da, der sich und das ganze Menschengeschlecht anklagt! – Was für einen Eindruck muss dies wohl auf das Kind machen, das natürlich fragen wird: aber warum war man denn so schlecht gegen ihn, warum?

(Einübung im Christentum)

Gottesbild

Mein Zuhörer! diese Stunde ist nun in kurzem vorüber, und auch die Rede. Falls Du nicht selber es anders willst, wird diese Stunde bald auch vergessen sein, und auch die Rede. Und falls Du nicht selber es anders willst, wird bald auch der Gedanke an Gottes Unveränderlichkeit vergessen sein in der Veränderlichkeit. Daran jedoch hat doch wohl er nicht Schuld, er, der Unveränderliche! Sondern machst Du Dich nicht selbst des Vergessens schuldig, so wirst Du in diesem Gedanken Genüge haben für Dein Leben, für eine Ewigkeit.

Denk Dir in der Wüste einen Einsamen; verbrannt fast von der Hitze der Sonne, verschmachtend, findet er eine Quelle. O, erquickende Kühle! Nun habe ich, Gott sei gelobt, sagt er – und er fand doch nur eine Quelle, wie müsste nicht einer sprechen, der Gott fand! und doch müsste auch er sagen »Gott sei gelobt«, ich fand Gott! – nun habe ich, Gott sei gelobt, nun habe ich Genüge. Denn deine treuliche Kühle, du liebliche Quelle, ist keiner Veränderung unterworfen. Bei Wintersfrost, falls er hierherkäme, wirst du nicht kälter, sondern bewahrst genau die gleiche Kühle, das Wasser der Quelle gefriert nicht! Im Mittagsbrand der Sommersonne bewahrst du genau deine unveränderte Kühle, das Wasser der Quelle wird nicht lau! Und es ist nichts Unwahres in dem, was er sagt (er, der nach meinem Dafürhalten keinen undankbaren Gegenstand für eine Lobrede wählte, eine Quelle, was ein jeder um so besser versteht, je besser er weiß, was das heißen will: Wüste und Einsamkeit), es ist keine unwahre Übertreibung in seiner Lobrede. Indessen, sein Leben nahm eine ganz andere Wendung, als er gedacht hatte. Eines Tages verirrte er sich, wurde dann hinausgerissen in die weite Welt. Viele Jahre später kehrte er zurück. Sein erster Gedanke war die Quelle – sie war nicht mehr, sie war versiegt. Einen Augenblick stand er stumm in Wehmut; dann fasste er sich und sagte: Nein, dennoch nehme ich nicht ein einziges Wort zurück von dem, was ich zu deinem Lob gesagt, es war Wahrheit, alles. Und pries ich deine erquickende Kühle, während du flossest, du liebliche Quelle, so lass sie mich auch preisen, nun du verschwunden bist, auf dass es wahr sein möge, dass es etwas Unverändertes gibt in eines Menschen Brust. Auch kann ich nicht sagen, dass du mich betrogen; nein, hätte ich dich gefunden, ich bin gewiss, deine Kühle wäre unverändert – und mehr hast du nicht versprochen.

(*Gottes Unveränderlichkeit*)

Sorglosigkeit

Wie fangen es denn aber die Lilie und der Vogel an, wie bringen sie fertig, was fast wie ein Mirakel aussieht: dass sie unter dem tiefsten Kummer unbedingt fröhlich sind; dass sie, wenn es ein so furchtbares Morgen gibt, alsdann heute *sind*, das heißt unbedingt fröhlich sind – also, wie fangen sie das an? Sie fangen es ganz einfach und einfältig an – so machen Lilie und Vogel es immer – und schaffen dennoch dies ›Morgen‹ auf die Seite, als wäre es gar nicht da. Es gibt ein Wort des Apostels Petrus, welches die Lilie und der Vogel sich zu Herzen genommen haben, und einfältig, wie sie einmal sind, nehmen sie es durchaus buchstäblich – und ach, eben, dass sie es durchaus buchstäblich nehmen, eben das hilft ihnen. Es liegt eine ungeheure Macht in diesem Wort, wenn es durchaus buchstäblich genommen wird; nimmt man es dagegen nicht buchstäblich genau nach dem Buchstaben, so ist es mehr oder minder ohnmächtig, letztlich nur eine nichtssagende Redensart; es gehört jedoch unbedingt Einfalt dazu, um es unbedingt und durchaus buchstäblich zu nehmen. »*Alle* eure Sorge werfet *auf Gott.*« Sieh, das tun die Lilie und der Vogel unbedingt. Vermöge des unbedingten Stillseins und des unbedingten Gehorsams werfen sie – ja, gleich wie die stärkste Wurfmaschine etwas von sich schleudert, und mit jener Leidenschaft, mit der man das Allerverhassteste von sich wirft – *alle* ihre Sorge von sich, und sie werfen sie – mit der Treffsicherheit der allerverlässlichsten Schusswaffe und mit einem zuversichtlichen Glauben, wie allein der zielsicherste Scharfschütze ihn hat – *auf Gott.* Im gleichen Nu – und dies gleiche Nu ist vom ersten Augenblicke an, ist heute, ist gleichzeitig mit dem ersten Augenblick, den sie da sind –, im gleichen Nu sind sie unbedingt fröhlich. Wunderbare Behändigkeit! Dass man es vermag, derart alle seine Sorge zu packen, und das mit einem einzigen Griff, und es dann vermag, sie so geschwinde von sich zu werfen und so sicher ins Ziel zu treffen! Doch eben dies tun Lilie und Vogel, deshalb sind sie im gleichen Nu unbedingt fröhlich. Und das ist auch ganz in der Ordnung, denn Gott der Allmächtige, er trägt mit unendlicher Leichtigkeit die ganze Welt und die Sorge der ganzen Welt – auch die von Lilie und Vogel. Welch eine unbeschreibliche Freude! Die Freude nämlich über Gott den Allmächtigen.

So lerne du denn von Lilie und Vogel, lerne diese Behändigkeit des Unbedingten. Allerdings, es ist ein wunderbares Kunststück; eben deshalb aber sollst du nur um so genauer Acht geben auf Lilie und Vogel. Es ist ein wunderbares Kunststück und ebenso wie »das Kunststück der Langmütigkeit« fasst es einen Widerspruch in sich, oder es ist ein Kunststück, das einen Widerspruch löst. Der Ausdruck »werfen« lenkt den Gedanken hin auf Anwendung von Kraft, so als ob man alle seine Kräfte in eins fassen sollte und mit ungeheurer Kraftanstrengung – mit Gewalt die Sorge von sich werfen; und dennoch, dennoch ist »Gewalt« eben das, was man nicht anwenden soll. Was man brauchen soll, und das unbedingt, ist – »Nachgiebigkeit«; und dennoch soll man die Sorge von sich werfen! Und man soll »alle« Sorge von sich werfen; wirft man nicht wirklich *alle* Sorge von sich, so behält man von ihr ja viel, etwas, ein wenig zurück, wird nicht fröhlich, geschweige denn unbedingt fröhlich. Und wirft man sie nicht unbedingt *auf Gott*, sondern anderswohin, so wird man ihrer nicht unbedingt quitt, sie kehrt dann auf die eine oder andere Weise wieder, meist in der Gestalt einer größeren und bittereren Sorge. Denn die Sorge von sich werfen – aber nicht auf Gott, heißt »sich zerstreuen«. Zerstreuung aber ist ein bedenkliches und zweideutiges Mittel gegen Sorge. Dahingegen alle Sorge auf Gott werfen, heißt »sich sammeln«, und gleichwohl wirst du – ja, dies Kunststück des Widerspruchs ist recht wunderlich – mit dieser *Sammlung* unbedingt aller Sorge quitt.

(*Die Lilie auf dem Felde und der Vogel unter dem Himmel*)

VI

Der eigene Gesichtspunkt:
Autobiographisches

Es gibt *eine unbeschreibliche Freude*, die uns ebenso unerklärlich durchglüht wie der Ausbruch des Apostels ohne Motivation hervortritt: »Freut Euch, und abermals sage ich: freut Euch«. – Nicht eine Freude über dieses oder jenes, sondern der kräftige Ausruf der Seele »mit Zung' und Mund aus Herzens Grund«: »ich freue mich an meiner Freude, aus, in, mit, bei, auf, an und mit meiner Freude« – ein himmlischer Kehrreim, der gleichsam urplötzlich unseren sonstigen Gesang unterbricht; eine Freude, die wie ein Windhauch kühlt und erfrischt, eine Böe vom Passat der vom Hain Mamre* zu den ewigen Wohnungen weht.

d. 19. Mai, Vormitt. 10½ Uhr.

(Journal DD)

Da aber geschah es, dass das große Erdbeben eintrat, die furchtbare Umwälzung, die mir plötzlich ein neues unfehlbares Erklärungsgesetz sämtlicher Phäno-

---

* Oase bei Hebron; bildlich für Orte, an denen der Mensch Gott begegnet und seine Verheißungen entgegennimmt.

mene aufnötigte. Da ahnte ich, dass das hohe Alter meines Vaters nicht ein göttlicher Segen war, sondern eher ein Fluch; dass die ausgezeichneten Geistesgaben unserer Familie nur dazu da waren, um einander gegenseitig aufzureiben; da fühlte ich die Stille des Todes wachsen um mich, wenn ich in meinem Vater einen Unglücklichen sah, der uns alle überleben sollte, ein Grabkreuz auf dem Grabe aller seiner eigenen Hoffnungen. Eine Schuld musste auf der ganzen Familie ruhen, eine Strafe Gottes über ihr sein; sie sollte verschwinden, ausgestrichen werden von Gottes gewaltiger Hand, ausgewischt wie ein missglückter Versuch, und nur zuweilen fand ich etwas Linderung in dem Gedanken, dass mein Vater die schwere Pflicht bekommen habe, mit dem Trost der Religion uns zu beruhigen, uns alle zu versehen, so dass uns doch eine bessere Welt offen stehen sollte, wenn wir auch alles verlören in dieser, wenn auch die Strafe uns treffen sollte, die die Juden immer über ihre Feinde wünschten: dass unser Gedächtnis ganz und gar *ausgelöscht* werden sollte, dass man uns nicht finden sollte.

Zerrissen, wie ich war in meinem Innern, ohne alle Aussicht, ein irdisch glückliches Leben zu führen (»dass es mir gut gehen und ich lange leben sollte im Lande«), ohne alle Hoffnung auf eine glückliche und angenehme Zukunft – wie sie am natürlichsten hervorgeht aus und liegt in der historischen Kontinuierlichkeit häuslichen Familienlebens –, was Wunder da, dass ich in verzweifelter Desperation einzig und allein nach der intellektuellen Seite im Menschen griff, mich fest daran klammerte, so dass der Gedanke an meine bedeutenden Geistesgaben mein einziger Trost war, die Idee meine einzige Freude, die Menschen mir gleichgültig.

(Aus Kierkegaards losen Papieren)

Vater und Sohn

Sein Zuhause bot nicht viele Zerstreuungen, und da er so gut wie niemals herauskam, wurde er es früh gewohnt, sich mit sich selber zu beschäftigen und mit seinen eignen Gedanken. Sein Vater war ein sehr strenger Mann, dem Anschein nach trocken und prosaisch, indessen er unter dieser Friesjacke eine glühende Einbildungskraft verbarg, die auch sein hohes Alter nicht abzustumpfen vermochte. Wenn Johannes* zuweilen um Erlaubnis bat, ausgehen zu dürfen, wurde er zumeist abschlägig beschieden; wohingegen der Vater gelegentlich zum Entgelt ihm vorschlug, an seiner Hand die Diele auf und nieder zu spazieren. Dies war beim ersten Augenschein ein

---

* Hauptfigur von Kierkegaards fragmentarischer Erzählung *Johannes Climacus oder De omnibus dubitandum est.*

dürftiger Ersatz, und doch ging es damit ebenso wie mit der Friesjacke, er barg etwas ganz anderes in sich. Der Vorschlag ward angenommen, und es wurde Johannes ganz überlassen zu bestimmen, wo es hingehen sollte. Sie gingen dann aus dem Tore, zu einem naheliegenden Lustschlösschen, oder hinaus zum Uferstrand, oder umher in den Straßen, alles gemäß dem wie Johannes es wollte; denn der Vater vermochte alles. Während sie so die Diele auf und nieder gingen, erzählte der Vater alles, was sie sahen; sie grüßten die Vorübergehenden, Wagen ratterten an ihnen vorüber und übertäubten die Stimme des Vaters; die Früchte der Kuchenfrau waren einladender denn je. Er erzählte alles so genau, so lebendig, so gegenwärtig bis zur unbedeutendsten Einzelheit, die Johannes bekannt war, so ausführlich und anschaulich, was ihm unbekannt war, dass er, wenn er eine halbe Stunde mit dem Vater spaziert war, so überwältigt und müde worden war, als wenn er einen ganzen Tag aus gewesen wäre. Die Zauberkunst des Vaters lernte Johannes ihm bald ab. Was vorher episch vor sich gegangen war, das geschah nun dramatisch; sie redeten miteinander auf dem Spaziergang. Gingen sie auf bekannten Wegen, so passten sie gegenseitig aufeinander, dass nichts übersehen würde; war der Weg Johannes fremd, so legte er sich auf Vermutungen, indessen des Vaters allmächtige Einbildungskraft imstande war, alles zu gestalten, jeglichen kindlichen Wunsch als Einschlag zu verwenden in dem Drama, das vor sich ging. Für Johannes war es, als entstünde die Welt mitten unter dem Gespräche, als wäre der Vater der Herrgott und er selber sein Liebling, der Erlaubnis erhielt, seine törichten Einfälle dreinzumengen ganz so ausgelassen wie er wollte; denn er wurde niemals abgewiesen, der Vater niemals gestört, es kam alles mit herein und allemal zu Johannes' Zufriedenheit. [...] Während derart ein beinahe vegetatives Hinschlummern in Phantasie – teils mehr ästhetisch, teils mehr intellektuell – bei ihm sich entwickelte, wurde auch eine andere Seite der Seele kräftig gebildet, nämlich sein Sinn für das Plötzliche, das Überraschende. Dies geschah jedoch nicht durch die Zaubermittel, welche ansonst dazu dienen müssen, die Aufmerksamkeit von Kindern zu spannen, sondern durch etwas weit Höheres. Mit einer allmächtigen Einbildungskraft verband der Vater eine unwiderstehliche Dialektik. Wenn da bei der einen oder andern Gelegenheit der Vater sich in ein Wortgefecht mit einem andern einließ, so war Johannes ganz Ohr, und das umso mehr, als alles in einer beinahe feierlichen Ordnung vor sich ging. Der Vater ließ den Widerpart jederzeit völlig ausreden, fragte ihn vorsichtshalber, ob er noch mehr zu sagen habe, ehe er mit seiner Antwort begann. Johannes war dem Vortrage des Widerparts mit gespannter Aufmerksamkeit gefolgt, war auf seine Weise mit daran interessiert, wie es ausging. Die Pause trat ein, die Erwiderung des Vaters folgte, und sieh! im Handumdrehen war alles anders. Wie das zuging, blieb Johannes ein Rätsel; aber seine Seele vergnügte sich an diesem Schauspiel. Der Widerpart sprach zum andern Mal. Johannes war noch aufmerksamer, um alles richtig festzuhalten; der Widerpart wurde eindringlich, Johannes konnte beinahe sein Herz klopfen hören, so ungeduldig wartete er, was da wohl geschehen werde. – Es geschah; in einem Nu war alles umgekehrt, das Erklärliche unerklärlich gemacht, das Gewisse zweifelhaft, das Gegenteil einleuchtend. Wenn ein Hai seine Beute packen will, so muss er sich auf den Rücken herumwerfen, denn sein Rachen sitzt auf seiner Bauchseite; er ist am Rücken dunkel, silberweiß unter dem Bauche. Es soll ein herrlicher Anblick sein, diesen Wechsel in der Farbe zu sehen; sie soll zuweilen so stark blinken, dass es dem Auge nahezu wehe tut, und doch macht es Freude es anzuschauen. Eines ähnlichen Wechsels Zeuge wurde Johannes, wenn er den Vater disputieren hörte. Er vergaß das Gesagte wieder, sowohl das, was der Vater als auch das, was der Widerpart gesagt hatte, aber dies Erschauern der Seele vergaß er nicht.

(*Johannes Climacus oder De omnibus dubitandum est*)

Kindheit

Halb Kinderspiele,
Halb Gott im Herzen.*
                    Göethe.

Jugend

Betteln – das tun wir nicht,
Jugend erzwingt sich den Weg,
Kraftvoll erringt sich die Schätze.
                    Chr. Winther.

25 Jahre alt

»... So laß uns leben.
Wir beten, sing'n, erzählen uns Geschichten,
Und lachen über goldne Schmetterlinge;
Wir hören Neuigkeiten von dem Hof
Aus armer Schlucker Munde, schwätzen mit,
Wer wohl gewinnt, verliert, wer steigt, wer fällt.
Wir sprechen von geheimnißvollen Dingen,
Als ob wir in das Tiefste sie durchschauten;
Und so in unserm Kerker überleben
Wir alle Secten und Partei'n der Großen,
Die mit des Mondes Wechsel sich verändern.«**
                    König Lear.

---

* Goethe: Faust I, Dom-Szene, im Original deutsch.
** Shakespeare: King Lear, 5. Akt, 3. Szene, im Original deutsch
nach der Übersetzung von Ernst Ortlepp.

Lebensmotti
(*Aus Kierkegaards losen Papieren*)

Ein Beobachter wird sehen, wie alles, und zwar dialektisch, in Bewegung gesetzt war: einen Pfahl im Fleisch hatte ich, geistige Begabung (besonders Einbildungskraft und Dialektik) und Bildung im Überfluss, eine gewaltige Entwicklung als Beobachter, eine in Wahrheit seltene christliche Erziehung, ein ganz eigenes dialektisches Verhältnis zum Christentum; aufgezogen war ich von Kind an in Gehorsam, unbedingtem Gehorsam, ausgerüstet mit einem nahezu tollkühnen Glauben alles zu vermögen, nur Eines nicht, ein freier Vogel zu werden, und wäre es auch nur einen einzigen lieben Tag lang, oder den Banden der Schwermut zu entschlüpfen, in denen eine andere Macht mich hielt; endlich war ich mir selbst ein Büßer. Auf mich macht das jetzt einen Eindruck, als wäre da eine andere Macht, die vom ersten Augenblick an dies angesehen hätte, und das so wie der Fischer vom Fische sagt: lass den nur gehn, es ist noch zu früh hochzuziehen. Und wunderlich genug, was denn auch sehr weit zurückgeht in meiner Erinnerung, ohne dass ich irgendwie sagen könnte, wann ich anfing, oder wie mir Derartiges beigekommen: ich habe ständig, d.h.: jeglichen Tag zu Gott gebetet: er möge mir Eifer und Geduld geben zu dem Werk, das er selber mir anweisen würde.

So wurde ich Schriftsteller.

(*Der Gesichtspunkt für meine Wirksamkeit als Schriftsteller*)

Nur wenn ich produziere, befinde ich mich wohl. Da vergesse ich alle Unbehaglichkeiten des Lebens, alle Leiden, da bin ich bei meinem Gedanken und glücklich. Bloß dass ich ein paar Tage es sein lasse, werde ich gleich krank, überwältigt, beschwert, mein Kopf schwer und gedrückt. Ein solcher Drang, so reich, so unerschöpflich, der nun, nachdem er Tag für Tag in fünf bis sechs Jahren angehalten hat, noch ebenso reich strömt, ein solcher Drang ist ja doch wohl auch eine göttliche Berufung. Soll dies, der ganze Reichtum von Gedanken, der noch in meiner Seele liegt, zurückgezogen werden, das wird eine Qual, eine Marter, und ich total untauglich. Und warum sollte er zurückgezogen werden? Weil ich die Idee gefasst habe, mich selber martern zu wollen, dadurch, dass ich mich pönitierend* zu etwas zwinge, wozu ich, so wahr ich mich selbst verstehe, doch im letzten Grunde nicht geeignet bin! Nein, Gott verhüte das; und Gott wird sich wohl nicht ohne Zeugnis lassen auch im Äußeren. Es ist schwer und es ist deprimierend, sein Geld zuzusetzen, um das Recht zu erhalten, fleißiger und angestrengter zu arbeiten als irgendeiner im Königreich! Es ist schwer und es ist deprimierend, mit all dieser Arbeit nur zu erreichen, dass einem nachgestellt wird mit dem feigen Neid der Aristokraten und dem Hohn des Pöbels! Es ist schwer und es

* zur Buße.

ist deprimierend, dass die Aussichten diese sind: wenn ich noch angestrengter arbeite, so wird es noch verkehrter! Aber in all dies will ich mich doch freudig und geduldig finden, wenn es mir nur recht glücken mag, in meinem Innern die Sicherheit zu gewinnen, dass es nicht meine Pflicht sein soll, mich zu einer selbst gewählten Marter zu zwingen, indem ich eine Stellung eingehe, die ich wohl in einem gewissen Sinn wünschen könnte, und die ich doch weder richtig ausfüllen noch in ihr mich glücklich finden könnte. Dagegen Schriftsteller zu bleiben, ist nicht selbst gewählt, es ist im Gegenteil eine Folge meiner ganzen Individualität und ihres tiefsten Dranges.

Gott gebe mir also Glück und Beistand, und vor allem einen gewissen Geist, einen gewissen Geist gegen die Anfechtungen, die aus meinem Inneren kommen, denn mit der Welt kann man da schon noch streiten.

Es wird mir dieses Mal gehen gleichwie seinerzeit mit meiner Verlobung. Nur, Gott sei Dank, ist der Unterschied: ich tue nun keinem andern Menschen Unrecht, ich breche kein gegebenes Versprechen; aber die Gleichheit ist, dass ich wieder in das offene Meer mich stürzen muss, auf Gnade und Ungnade leben in Gottes Gewalt. Das ist ja sicherer, eine feste Stellung im Leben zu haben, ein Amt, das ist nicht halb so anstrengend – aber in Gottes Namen, das andere ist doch auch durch Gott noch sicherer. Doch

Zeichnung von Niels Christian Kierkegaard (1838)

braucht es dazu in jedem Augenblick den Glauben. Dies ist der Unterschied. Die meisten Menschen leben allzu gesichert im Leben und lernen deshalb Gott so wenig kennen. Sie haben feste Ämter, sie strengen sich niemals an bis zum Äußersten, sie sind beruhigt durch Weib und Kind – ich werde niemals gering reden von diesem Glück; aber ich glaube, dass es meine Aufgabe ist, all dies zu entbehren. Warum sollte dies doch nicht erlaubt sein, was man wieder und wieder im Neuen Testament liest. Aber das Unglück ist, dass die Menschen gar nicht wissen, was das Christliche ist, und darum bleibe ich ohne Sympathie, darum werde ich gar nicht verstanden.

(Journal NB)

Das Martyrium des Gelächters ist es eigentlich, was ich erlitten habe, ja etwas Weitergehendes und Tieferes darf ich über mich selbst sagen: ich bin der Märtyrer des Gelächters; denn nicht jeder, der, wenn auch für eine Idee, ausgelacht wurde und litt, ist deshalb ganz genau ein Märtyrer des Gelächters. So z. B., wenn ein schlecht und recht ernsthafter Mann für eine gute Sache es erduldet, so hat er nicht das tiefere Verhältnis zu dem Martyrium, das er erduldet. Aber ich bin des Gelächters Märtyrer, und mein Leben ist darauf angelegt gewesen, es zu werden, ich verstehe mich so ganz darin, ja es ist, als verstünde ich erst jetzt mich selbst – wogegen es mir z. B. schwer fällt, mich darin zu verstehen, totgeschlagen zu werden, oder noch schwerer, in der Welt mein Glück zu machen. Nein, im Martyrium des Gelächters erkenne ich mich selber wieder. Just um das werden zu können, bin ich der Witzigste von allen, im eminenten Grad im Besitz der vis comica*, hätte selber das Gelächter darstellen können nach einem Maßstab wie kein anderer, lockte auch die Menschen aufs Glatteis, indem ich das betrügend getan habe, so dass just ich die Forderung der Zeit wurde – diese Überlegenheit, diese Selbstbestimmung ist das Kriterium des idealeren Martyriums. Und ganz richtig, ich muss selber dem Lachen kommandieren können, auf mich zu zielen (wie Ney, der Soldaten kommandierte, die ihn erschossen**). Und der, welcher die Ordre ausführen muss, er wäre mit Freuden mein Leutnant gewesen, und es ist ihm auch sicherlich nie anders eingefallen, als dass mir der Platz Nr. 1 zukommt.

(*Journal NB 10*)

Mehr habe ich nicht zu sagen, nur dass ich zum Schluss einen anderen reden lassen will, meinen Dichter, der, wenn er kommt, mir den Platz anweisen

---

* komischen Kraft.
** Michel Ney (1769–1815), frz. Marschall, führte bei Napoleons Rückkehr von Elba das gegen ihn geschickte Heer und ging zu Napoleon über; er wurde 1815 wegen Hochverrats verurteilt und in Paris erschossen.

wird unter denen, die gelitten für eine Idee. Er wird sagen:

»Das Martyrium, das dieser Schriftsteller erlitt, lässt sich ganz kurz so beschreiben: er erlitt es, Genie in einer Kleinstadt zu sein. Der Maßstab, den er hinsichtlich Gaben, Fleiß, Uneigennützigkeit, Aufopferung, Unbedingtheit der gedanklichen Bestimmungen usf. anlegte, war dem Durchschnitt der Gleichzeitigen viel zu hoch, schraubte den Preis gar zu sinnlos empor, und drückte ihren eignen Preis gar zu sinnlos herunter, er tat beinahe so, als ob die Kleinstadt und die Majorität in ihr nicht die absolute Herrschaft hätten, sondern als ob da ein Gott da wäre. So unterredete man sich denn erst eine Weile miteinander, man räsonierte und räsonierte darüber, warum er doch wohl diese außerordentlichen Gaben empfangen haben möge, warum doch er unabhängig sein dürfe und mithin so fleißig sein könne, und warum er das dann auch sei – man räsonierte so lange darüber (indem man zugleich Ärgernis nahm an der einen oder andern Sonderlichkeit in seiner Lebensführung, welche eigentlich doch nicht sonderlich war, wohl aber ganz besonders darauf berechnet, dem Zweck seines Lebens zu dienen), und das Ende vom Liede war: es ist sein Stolz, alles lässt sich erklären aus seinem Stolz. Darauf ›ging man weiter‹, von Räsonnement zur Handlung. Da es sein Stolz ist, sagte man, so ist jeder versteckte Widerstand, jede Frechheit wider ihn und jede Misshandlung von ihm nicht allein erlaubt, nein, sie ist Pflicht gegen Gott – es muss ja Strafe sein für seinen Stolz. O, du unschätzbare Kleinstadt, wie unbezahlbar bist du, wenn du dir ein Schleppkleid antust, heilig wirst, wenn die Hingabe an jede widerliche Lust des Neides, der Rohheit und der Pöbelei dir zugleich der Ausdruck dafür wird, dass du Gott einen Dienst tust. Aber nun, wie ist das mit ›seinem Stolz‹? War es denn Stolz, dass er hohe Gaben hatte? Das wäre ja wie wenn man der Goldammer vorwürfe, es sei stolz von ihr oder es sei aus reinem Stolz, dass sie sich all den goldenen Staat antue. Oder dass er fleißig war usw.? Wo ein Kind, das sehr streng erzogen wird, in der Klasse mit anderen zusammen arbeitete: wäre es dann nicht wunderlich zu sagen, dass sein Fleiß usw. Stolz sei, und wäre es gleich so, dass die anderen mit ihm nicht mit können? Doch dergleichen kommt selten vor, denn dann vorversetzt man das Kind in eine höhere Klasse. Leider jedoch, wenn einer vielfältig entwickelt ist vorversetzt zu werden in die Klasse der Ewigkeit – es gibt nur eine einzige Klasse für ihn, die der Zeitlichkeit, und er muss vielleicht lange darin bleiben.«

»Dies war das Martyrium. Aber darum sehe ich, sein Dichter, auch das Epigramm, die Satire, nicht diese oder jene, die er geschrieben, sondern die, welche sein Leben als Ganzes gewesen, dass jetzt, da alle die vielen ›wirklichen‹ Menschen, mit denen, sonderlich wenn die ›Beine‹ den Maßstab abgeben – nicht bloß für das liebe Vieh (animal), sondern auch für den Menschen, er auf keinerlei Weise den Vergleich aushalten konnte, dass jetzt, da deren Beine ebenso wie seine im Grabe vermodert sind, und er in der Ewigkeit angekommen ist, allwo, nebenbei bemerkt, die Beine nicht den Ausschlag geben, weder ihre Dünne noch ihre Dicke, allwo er, nebenbei bemerkt, Gott sei Dank, ewig freigestellt ist von der Gesellschaft mit den viehischen Rohlingen: dass jetzt ich sehe, wie alle diese wirklichen Menschen ein wesentlich Mitdazugehöriges, den Chor, abgeben, einen unbezahlbaren Kleinstadt-Chor, der sich an das hielt, darauf er sich verstand, an seine Hosen, die zur ›Forderung der Zeit‹ wurden, oder noch köstlicher, einen Chor, der sich in Ironie gefiel – wider den Ironiker; wenn ich bloß daran denke, so kann ich lauthals lachen. Aber ihn getröstet es in der Ewigkeit, dies erlitten zu haben, freiwillig sich dem ausgesetzt, seine Sache nicht mit irgendwelchem Sinnentrug unterstützt, sich nicht hinter einem Sinnentrug versteckt, sondern, indem er litt, gottesfürchtig – klug sich Sparpfennige für die Ewigkeit gesammelt zu haben: eine Erinnerung an überwundene Leiden, dass er sich und seiner ersten Liebe treu geblieben, mit der er nur das geliebt, was gelitten hat in der Welt. Wohl demütig, doch nicht schleichend wird er sich jenen Herrlichen nahen, nicht schleichend, so als ob sein irdisches Leben ausgedrückt hätte, dass ihr Leben entweder ein Zufall oder eine Unwahrheit oder eine Unbesonnenheit gewesen sein müsse, denn er, er hatte der Wahrheit gedient und dabei doch große Ehre und Ansehen gewonnen, hatte überall Geist und Verständnis gefunden, nicht wie jene, die beinahe überall viehische Rohheit und Missverständnis fanden.«

»Doch hat er auch hier in der Welt gefunden, was er suchte: ist kein andrer es gewesen, so war er selbst ›jener Einzelne‹, und wurde es mehr und mehr. Es war die Sache des Christentums, der er diente, sein Leben von Kind auf war wunderbar darauf angelegt. So vollbrachte er das Werk der Reflexion, das Christentum, das Christ Werden, ganz und gar hineinzusetzen in Reflexion. Seines Herzens Reinheit war: nur Eines zu wollen; was da bei Leibesleben die Anklage der Gleichzeitigen wider ihn war, dass er nicht abschlagen wollte, nichts erlassen, eben dies ist die Lobrede der Nachwelt auf ihn, dass er nicht abschlug, nichts erließ. Aber das großgeartete Unternehmen betörte ihn nicht; während er dialektisch in Eigenschaft als Schriftsteller Überschau hielt über das Ganze, verstand er christlich, für ihn bedeute das Ganze Erziehung im Christentum. Das dialektische Gebäude, das er aufführte, dessen einzelne Teile schon Werke sind, konnte er keinem Menschen zueignen, noch weniger wollte er es sich selbst zueignen; hätte er es jemand zueignen müssen, so wäre dies die Weltlenkung gewesen, der es doch immerhin Tag um Tag, Jahr auf Jahr vom Verfasser zugeeignet gewesen ist, der, historisch, an einer tödlichen Krankheit starb, aber dichterisch starb aus Sehnsucht nach der Ewigkeit, um ohn' Unterbrechen nichts andres mehr zu tun als Gott zu danken.«

(*Der Gesichtspunkt für meine Wirksamkeit als Schriftsteller*)

Mein Verhältnis zu »ihr«*
Bilanz

Ihr Gedanke war gewiss dieser. Im Grunde mag er mich; er ist mit mir verlobt; ich liebe ihn nur allzu sehr: woher in aller Welt kommt dann diese Kollision, das muss ja Wahnsinn sein, eine Schwermut, die an Wahnsinn grenzt. Ergo setze ich alles darauf zu sprengen. Vortrefflich, weiblich durchaus wahr – dass es eine religiöse Kollision war, musste ihr zwangsläufig entgehen, die religiös überhaupt nicht entwickelt war und am allerwenigsten dazu, diese Art religiöser Kollisionen zu ahnen. Alles ist vorzüglich und sie ist groß durch die weibliche Unerschrockenheit, mit welcher sie anzustürmen wagt. Außerdem hatte sie ja

---

* Kierkegaards ehemalige Verlobte Regine Olsen, mittlerweile verheiratete Schlegel.

in gewisser Weise meinen eigenen Wink, was das angeht. Ich wusste, sollte sie mir ordentlich gefährlich werden, wie sie es verdiente, die Liebe, sollte mir die Sache den höchsten Preis abfordern, dann müsste sie darauf achten, mit Hilfe der Hingabe zu streiten. Das hat sie getan,[1] und meisterlich qua Frau.

Was mich betrifft, so ist es das Gesetz meines ganzen Lebens, es wiederholt sich an all den entscheidenden Punkten: wie jener General, der selbst kommandierte, als er erschossen wurde*, so habe ich immer selbst kommandiert, wenn ich verwundet werden sollte. Das Gefecht selbst aber, das sie auszuführen hatte, war großen Stils und bewundernswürdig. Ich gab ihr gewissermaßen den Bogen in die Hand, ich legte selbst den Pfeil darauf, zeigte ihr, wie sie zu zielen habe – mein Gedanke war – und das war Liebe – entweder werde ich Dein, oder Du sollst mich so tief verwunden dürfen, mich in meiner Schwermut und in meinem Gottes-Verhältnis verwunden, so tief, dass ich, obgleich von Dir getrennt, doch Dein bleibe.

Doch was für ein Muster unglücklicher Liebe! Es ist nicht wie z.B. bei Goethes Friederike**, die jede Ehe ablehnt, weil es einem Mädchen genügen muss,

---

1 das reizende Kind.
* Vgl. Anmerkung zu Michel Ney, S.171.
** Friederike Brion (1752–1813), Pfarrerstochter aus Sesenheim bei Straßburg, blieb nach ihrer Liebschaft mit dem jungen Goethe ihr Leben lang allein.

Goethe geliebt zu haben. Gerade umgekehrt wird mein Leben sie akzentuieren. Und ich tue alles, alles, um sie zu verheiraten.

Eine solche Kollision ist undenkbar, wenn sie nicht eine religiöse Kollision ist. Denn wäre es mein Stolz u. desgl., meine Genusssucht u. desgl., dann würde mein Leben doch unmöglich zum Ausdruck bringen können, dass ich sie als die Einzige akzentuiere.

Sie heiratet – und nun ist das Verhältnis gänzlich normal.

Über sie ist[2] nichts zu sagen, nicht ein Wort, nicht ein einziges, es sei denn ihr zu Preis und Ehre. Es war ein reizendes Kind, ein liebliches Wesen, recht wie geschaffen dafür, dass eine Schwermut wie die meine ihre einzige Freude daran hätte haben können, sie zu bezaubern.

Reizend war sie, als ich sie zum ersten Mal sah, lieblich, lieblich fürwahr in ihrer Hingabe, rührend, im edlen Sinne rührend in ihrer Sorge, nicht ohne Hoheit im letzten Augenblick der Trennung, kindlich zuerst und zuletzt; und[3] Eines fand ich immer bei ihr, Eines, das mir für die ewige Lobrede genügen

2 besonders von dem Augenblick an, da ihr Übermut sich in Hingabe verklärte,
3 trotz des gescheiten kleinen Kopfes [...].

würde: Schweigsamkeit und Innerlichkeit; und eine Macht hatte sie: einen anbetenden Blick, wenn sie flehte, der Steine rühren könnte; und glückselig war es, ihr das Leben zu verzaubern, glückselig, ihre unbeschreibliche Glückseligkeit zu sehen.

Ein himmelschreiendes Unrecht ist ihr widerfahren, indem sie herausgerissen wurde ins Verhältnis zu mir, in grauenhafte Auftritte, die wie darauf angelegt waren, den Eindruck von ihr gänzlich zunichte zu machen. Gott vergebe mir! Ich musste sie kränken, und verlassen, ich musste in den zwei letzten Monaten zuerst grausam sein, um ihr wenn möglich zu helfen. Dies war doch vielleicht für mich am schwersten. Ich musste diese Grausamkeit fortsetzen, in Wahrheit in der redlichsten Absicht. Sie hat seinerzeit gewiss unbeschreiblich gelitten; möge sie mir vergeben!

Die Geliebte war sie. Mein Dasein soll ihr Leben unbedingt akzentuieren, meine schriftstellerische Tätigkeit auch als ein Monument zu ihrem Ruhm und ihrer Ehre betrachtet werden können. Ich nehme sie mit in die Geschichte. Und ich, der schwermütig nur einen Wunsch hatte, sie zu bezaubern: *dort* ist es mir nicht verwehrt; dort gehe ich an ihrer Seite; wie ein Zeremonienmeister führe ich sie im Triumph und sage: bitte ein wenig Platz zu machen für sie, für »unsere eigene liebe, kleine Regine«

Ich habe Gott einst um sie gebeten, wie um eine Gabe, die allerliebste; ich habe auch in Augenblicken, wenn ich die Möglichkeit, eine Ehe zu realisieren, erblickte, Gott für sie gedankt wie für eine Gabe; ich habe sie später als Gottes Strafe über mich betrachten müssen: doch immer habe ich sie auf Gott bezogen, daran redlich festgehalten, auch dann, wenn sie alles tat, um mich meine Überlegenheit verzweifelt fühlen zu lassen.

Und wahrlich, Gott straft fürchterlich! Für ein belastetes Gewissen welch grauenvolle Strafe! Dieses reizende Kind in seiner Hand zu halten, ihr das Leben verzaubern zu können, ihre unbeschreibliche Glückseligkeit zu sehen, des Schwermütigen höchstes Glück – und dann diese richtende Stimme in seinem Inneren zu vernehmen »Du musst sie loslassen«, das ist Deine Strafe, und sie soll verschärft werden durch den Anblick all ihrer Leiden, verschärft werden durch ihre Bitten und Tränen, sie, die nicht ahnt, dass es Deine Strafe ist, sondern glaubt, dass es Deine Hartherzigkeit ist,[4] die es zu erweichen gilt.

Der Inhalt jenes Verlobungsjahres war für mich eigentlich: qualvolle Überlegungen eines geängstigten Gewissens, darfst Du Dich verloben, darfst Du heira-

4 Dies war denn auch eigentlich ihre Meinung, denn mehrere Male sagte sie, es sei mein Stolz, der daran schuld sei, dass ich sie verlassen wolle. Auch sagte sie, dass ich doch eigentlich nicht gut sei, dass sie es aber trotzdem nicht sein lassen könne, mich zu lieben und darum zu bitten, bei mir bleiben zu dürfen.

ten – ach, und unterdessen ging sie, das reizende Kind, an meiner Seite und war – die Verlobte! Ich war alt wie ein Greis, sie jung wie ein Kind, doch hatte ich – ach, beinah umso schlimmer – das Vermögen, sie zu bezaubern, und wenn ich einen Hoffnungsschimmer erblickte, konnte ich mir die Freude, sie zu bezaubern, nicht versagen.[5] Doch das Verhältnis musste gebrochen werden, und ich musste grausam sein, um ihr zu helfen – sieh, das ist »Furcht und Zittern«. Das Verhältnis wird so fürchterlich, dass zuletzt das Erotische wie nicht vorhanden ist, weil das Entsetzen das Verhältnis unter andere Kategorien führt. Ich war in solchem Maße ein Greis, dass sie wie ein geliebtes Kind wurde, fast gleichgültig welchen Geschlechts. Sieh, das ist »Furcht und Zittern«. Und ich wage zu behaupten, dass ich die Ehe inniger als sie gewünscht habe; sie hätte für mich (gleich jenen Dämonen im Märchen), in bloß menschlichem Sinne, meine Erlösung bedeutet. Aber ach, ich durfte nicht in den Hafen kommen, ich sollte auf eine andere Weise gebraucht werden. Es war deshalb ein rätselhaftes Wort von ihr, ein Wort, das sie nicht verstand, ich dafür umso besser, als sie in ihrer Not einmal sagte: Du kannst doch nicht wissen, ob es nicht gut für Dich selbst sein könnte, wenn mir bei Dir zu bleiben erlaubt würde. Sieh, das ist Furcht und Zittern.

(Mein Verhältnis zu »ihr«)

5 die lieblich Kind war, stets Kind blieb, und trotz allem, was sie gelitten hatte, wie ein Kind war, als wir uns trennten.

Zeichnung von Hans Peter Hansen (1854)

Zeittafel

1813 5. Mai: Kierkegaard wird als jüngstes von sieben Ge-
schwistern im väterlichen Haus am Nytorv in Kopenhagen geboren; der vom Pietismus geprägte Vater ist Mit-
glied der Herrnhuter Brüdergemeine

1823 23. Januar: Regine Olsen geboren

1830 30. Oktober: Kierkegaard wird an der Universität Kopenhagen als Theologiestudent immatrikuliert

1834 31. Juli: die Mutter stirbt

1835 17. Juni – 22./23. August: Gilleleje-Reise, aus der einige
berühmte Aufzeichnungen in den Tagebüchern hervor-
gehen, d.h. in jenen vielfältigen und umfangreichen
›Journalen‹, die er zeitlebens führt (s. hier »Journal AA«
in DSKE 1)

1838 9. August: der Vater stirbt

7. September: *Aus eines noch Lebenden Papieren. Wider seinen Willen herausgegeben von S. K.*

1840 3. Juli: Kierkegaard besteht die theologische Staatsprü-
fung

8. September: Verlobung mit Regine Olsen

1841 (11.) August: Kierkegaard schickt Regine Olsen den Ring
zurück

29. September: Verteidigung der Dissertation *Über den
Begriff der Ironie mit ständiger Rücksicht auf Sokrates*

11. Oktober: endgültiger Bruch mit Regine Olsen

25. Oktober: Reise nach Berlin, wo er u.a. Schellings
Vorlesungen über die »Philosophie der Offenbarung«
hört

1842 6. März: Rückkehr nach Kopenhagen

1843 20. Februar: *Entweder – Oder*, herausgegeben von Victor
Eremita (Pseudonym)

8. Mai – Ende Juni: zweite Berlin-Reise

1843 16. Mai: *Zwei erbauliche Reden*

16. Oktober: *Die Wiederholung* von Constantin Constantius (Pseudonym)

Furcht und Zittern von Johannes de silentio (Pseudonym)

Drei erbauliche Reden

6. Dezember: *Vier erbauliche Reden*

1844 5. März: *Zwei erbauliche Reden*

8. Juni: *Drei erbauliche Reden*

13. Juni: *Philosophische Brocken oder ein Bröckchen Philosophie* von Johannes Climacus (Pseudonym), herausgegeben von S. Kierkegaard

17. Juni: *Der Begriff Angst* von Vigilius Haufniensis (Pseudonym)

Vorworte von Nicolaus Notabene (Pseudonym)

31. August: *Vier erbauliche Reden*

1845 29. April: *Drei Reden bei gedachten Gelegenheiten*

30. April: *Stadien auf des Lebens Weg*, herausgegeben von Hilarius Buchbinder (Pseudonym)

13. – 24. Mai: dritte Berlin-Reise

27. Dezember: Zeitungsartikel »Die Tätigkeit eines umherreisenden Ästhetikers, und wie er doch die Zeche bezahlen musste«, unterschrieben mit: Frater Taciturnus, Hauptmann der 3. Abteilung in den *Stadien auf des Lebens Weg*. In diesem Artikel heißt es u. a.: »Wenn ich doch nur bald im Corsaren erscheinen würde«. Damit beginnt der Streit mit der satirischen Zeitschrift *Der Corsar*, in der Kierkegaard bis zum Sommer 1846 in Texten und Zeichnungen laufend zum Gegenstand von Karikaturen gemacht wird.

1846 27. Februar: *Abschließende unwissenschaftliche Nachschrift zu den philosophischen Brocken* von Johannes Climacus (Pseudonym), herausgegeben von S. Kierkegaard

30. März: *Eine literarische Anzeige*

(2.) – 16. Mai: vierte Berlin-Reise

1847 13.März: *Erbauliche Reden in verschiedenem Geist*

29.September: *Die Taten der Liebe*

3.November: Regine Olsen heiratet J.F. Schlegel

1848 Arbeit an *Der Gesichtspunkt für meine Tätigkeit als Schrift-steller*, der 1859 postum von Kierkegaards Bruder Peder Christian Kierkegaard veröffentlicht wird

26.April: *Christliche Reden*

24. – 27.Juli: Feuilletonartikel »Die Krise und eine Krise im Leben einer Schauspielerin« von Inter et Inter (Pseudonym) in der Zeitung *Fædrelandet*

1849 14.Mai: *Die Lilie auf dem Felde und der Vogel unter dem Himmel. Drei gottselige Reden*

19.Mai: *Zwei kleine ethisch-religiöse Abhandlungen* von H.H. (Pseudonym)

30.Juli: *Die Krankheit zum Tode* von Anti-Climacus (Pseudonym), herausgegeben von S. Kierkegaard

13.November: *Der Hohepriester – der Zöllner – die Sünde-rin, drei Reden beim Abendmahl am Freitag*

1850 27.September: *Einübung im Christentum* von Anti-Cli-macus (Pseudonym), herausgegeben von S. Kierkegaard

20.Dezember: *Eine erbauliche Rede*

1851 7.August: *Über meine Wirksamkeit als Schriftsteller*
Zwei Reden beim Abendmahl am Freitag

10.September: *Zur Selbstprüfung, der Gegenwart anbefoh-len*

1854 30.Januar: Bischof Mynster stirbt

15.April: Professor Martensen wird zum Bischof ernannt

18.Dezember: Zeitungsartikel »War Bischof Mynster ein ›Wahrheitszeuge‹, einer von den ›echten Wahrheitszeu-gen‹ – ist das die Wahrheit?«

30.Dezember: Zeitungsartikel »Dabei bleibt es!«

1855 12.Januar – 26.Mai: Kierkegaard veröffentlicht eine Rei-he polemischer Zeitungsartikel mit Titeln wie »›Salz‹; denn ›die Christenheit‹ ist: die Fäulnis des Christen-

tums; ›eine christliche Welt‹ ist: der Abfall vom Christentum« oder »Dass Bischof Martensens Schweigen
1) christlich unverantwortlich; 2) lächerlich; 3) dumm-
klug; 4) in mehr als einer Hinsicht verächtlich ist«

1855 24. Mai: *Dies muss gesagt werden; so sei es denn gesagt*
26. Mai – 25. September: Veröffentlichung von insgesamt
neun Nummern der Flugschrift *Der Augenblick*
16. Juni: *Wie Christus über das offizielle Christentum urteilt*
3. September: *Gottes Unveränderlichkeit. Eine Rede*
2. Oktober: Kierkegaard wird in das Frederiks Hospital
eingeliefert
11. November: Tod
18. November: Beisetzung nach der Trauerfeier in der
Frauenkirche auf dem Assistens Friedhof in Kopenhagen

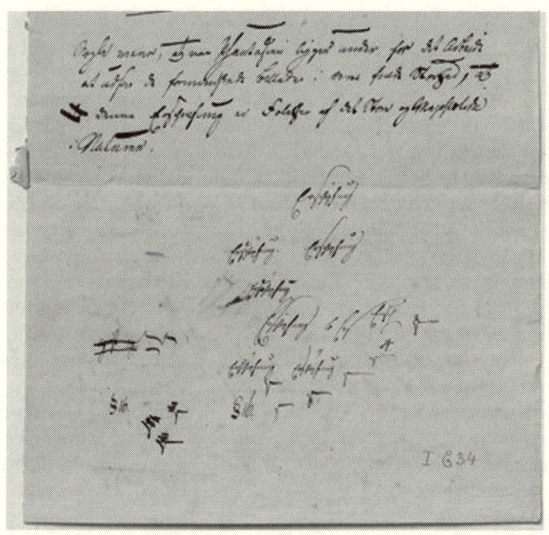

I 634

»Einige meinen, dass wenn die Phantasie bei der Arbeit, die verkleinerten Bilder in ihrer vollen Größe auszuführen, unterliegt, dass diese *Erschöpfung* das Gefühl des Großen und Majestätischen in der Natur sei.«

(*Aus Kierkegaards losen Papieren*)

Kierkegaards freies Exzerpt aus Schleiermachers Reden *Über die Religion* mündet in eine graphische Meditation über das deutsche Wort »Erschöpfung«.

Textnachweise

Die in dieser Anthologie zusammengestellten Übersetzungen von Kierkegaards Texten sind größtenteils der von Emanuel Hirsch, Hayo Gerdes und Hans-Martin Junghans im Diederichs Verlag herausgegebenen Werkausgabe (GW) entnommen. Diese Werkausgabe wird auf längere Sicht durch die im Hinblick auf Editionsphilologie und Übersetzung zuverlässige und zeitgemäße sowie mit einem umfangreichen Realkommentar versehene Deutsche Søren Kierkegaard Edition (DSKE) ersetzt werden, die im Verlag De Gruyter erscheint und auf die in Einzelfällen schon Bezug genommen werden konnte. Daneben wurde eine Auswahl weiterer Übersetzungen – von Heinrich Fauteck, Hanns Grössel, Theodor Haecker, Gisela Perlet und Hans Winkler – berücksichtigt. Die Übersetzungen wurden von den Herausgebern bei Bedarf geringfügig geändert. Die Rechtschreibung wurde behutsam vereinheitlicht und modernisiert.

Siglen der Werktitel und -ausgaben

A Der Augenblick. Eine Zeitschrift. Mit einem Essay von Jørgen Bonde Jensen. Aus dem Dänischen von Hanns Grössel. Nördlingen: Franz Greno 1988 (Die Andere Bibliothek). – © AB – Die Andere Bibliothek GmbH & Co. Berlin 1988, 2011.

AUN 1–2 Abschließende unwissenschaftliche Nachschrift zu den Philosophischen Brocken. GW XVI/1 und XVI/2.

BA Der Begriff Angst. Aus dem Dänischen von Gisela Perlet. Mit einem Nachwort hrsg. von Uta Eichler. Stuttgart: Reclam 1999.

BI Über den Begriff der Ironie mit ständiger Rücksicht auf Sokrates. GW XXXI.

DSKE   Deutsche Søren Kierkegaard Edition. Hrsg. von Heinrich Anz [bis DSKE 2], Niels Jørgen Cappelørn, Hermann Deuser, Joachim Grage [ab DSKE 3] und Heiko Schulz in Zusammenarbeit mit dem Søren Kierkegaard Forskningscenter in Kopenhagen. Berlin/Boston: De Gruyter 2005 ff. (Journale und Aufzeichnungen. Journale AA–DD [DSKE 1], hrsg. von Hermann Deuser und Richard Purkarthofer, 2005; Journale und Aufzeichnungen. Journale EE–KK [DSKE 2], hrsg. von Richard Purkarthofer und Heiko Schulz, 2009; Journale und Aufzeichnungen. Notizbücher 1–15 [DSKE 3], hrsg. von Markus Kleinert und Heiko Schulz, 2011). – © De Gruyter, Berlin/Boston 2005 ff.

EC   Einübung im Christentum. Aus dem Dänischen von Hans Winkler, Theodor Haecker und Walter Rest. In: Einübung im Christentum. Zwei ethisch-religiöse Abhandlungen. Das Buch Adler oder der Begriff des Auserwählten. Unter Mitwirkung der Kopenhagener Kierkegaard-Gesellschaft hrsg. und eingeleitet von Walter Rest. Köln/Olten: Hegner 1951. – © der deutschsprachigen Ausgabe: 1977 Deutscher Taschenbuch Verlag, München.

EO 1–2   Entweder – Oder. Teil 1 und Teil 2. Aus dem Dänischen von Heinrich Fauteck. Unter Mitwirkung von Niels Thulstrup und der Kopenhagener Kierkegaard-Gesellschaft hrsg. von Hermann Diem und Walter Rest. München: Deutscher Taschenbuch Verlag ⁵1998. – © der deutschsprachigen Ausgabe: 1975 Deutscher Taschenbuch Verlag, München.

FZ   Furcht und Zittern. GW IV.

GU   Gottes Unveränderlichkeit. GW XXXIV.

GW   Gesammelte Werke. Übers. und hrsg. von Emanuel Hirsch, Hayo Gerdes und Hans-Martin Junghans. XXXVI Abt. in 26 Bdn. und Registerbd. Düsseldorf/Köln: Diederichs 1950–1969.

GWS	Der Gesichtspunkt für meine Wirksamkeit als Schriftsteller. GW XXXIII.
JC	Johannes Climacus oder De omnibus dubitandum est. GW X.
KT	Die Krankheit zum Tode. Aus dem Dänischen von Gisela Perlet. Mit einem Nachwort hrsg. von Uta Eichler. Stuttgart: Reclam 1997.
LF	Die Lilie auf dem Felde und der Vogel unter dem Himmel. GW XXII.
SKS	Søren Kierkegaards Skrifter. Bd. 1–28, K1–K28. Hrsg. vom Søren Kierkegaard Forschungszentrum in Kopenhagen von Niels Jørgen Cappelørn, Joakim Garff, Johnny Kondrup, Alastair McKinnon und Finn Hauberg Mortensen. Kopenhagen: Gads 1997–2013. – Mit Genehmigung von Niels Jørgen Cappelørn, Kopenhagen.
SLW	Stadien auf des Lebens Weg. GW XV.
T	Die Tagebücher 1834–1855. Ausgewählt und übertragen von Theodor Haecker. München: Kösel ³1949. – © 1949, Kösel-Verlag, München, in der Verlagsgruppe Random House GmbH.
V	Vorworte. GW XII.
W	Die Wiederholung. GW V.

Die Texte folgen den genannten Ausgaben. Sie werden hier unter Angabe von Band- und Seitenzahl mit den angegebenen Siglen der Werktitel zitiert.

Zeittafel in Anlehnung an den von Niels Jørgen Cappelørn und Joakim Garff herausgegebenen Ausstellungskatalog »Kierkegaard: Die geheime Notiz« (anlässlich der gleichnamigen Ausstellung in Rundetaarn, Kopenhagen, 6. Mai – 9. Juni 1996, und in der Staatsbibliothek zu Berlin, 25. November – 13. Dezember 1997).

Vorwort

I
Genuss und Verdruss: ästhetisches Vergnügen

II
(Selbst-)Zufriedenheit: ethisches Vergnügen

III
Lebensformen des Lachens

IV
Polemik des Lächerlichen: religiöses Missvergnügen

V
Ewige Seligkeit: religiöse Freude quia absurdum

Abbildungsnachweise

Der Verlag Philipp Reclam jun. dankt für die Nachdruck- und
Reproduktionsgenehmigung den Rechteinhabern, die durch den
Quellennachweis und einen folgenden Genehmigungs- oder Co-
pyrightvermerk bezeichnet sind. In einigen Fällen waren die In-
haber der Rechte nicht festzustellen; hier ist der Verlag bereit,
nach Anforderung rechtmäßige Ansprüche abzugelten.